어떻게
성공할
것인가

How to Succeed

어떻게 성공할 것인가

조귀환 지음

(주)다연
DAYEONBOOK

성공 비결이라는 것이
정말 있을까?

두 개의 풍경

16살 봄을 기억한다.

삿대질을 하며 목청을 높이던 빚쟁이들에 둘러싸인 왜소한 체구의 어머니를 기억한다. 마당 한쪽에 우두커니 서 있던 어머니의 풀죽은 뒷모습을 기억한다. 구두 수선공이었던 아버지는 마루에 걸터앉아 애꿎은 담배만 피워댔다.

중3이었던 나는 돈을 벌어서 어머니의 빚을 갚아주고 싶었다. 움츠러든 어머니의 어깨를 활짝 펴주고 싶었다. 가족들의 만류에도 불구하고 휴학계를 냈다. 학교를 나설 때는 조만간 돌아올 줄 알았는데, 영영 돌아가지 못했다.

정규 교육은 충분히 받지 못했지만 그 대신 '인생 학교'에서 더 많은 것을 배울 수 있었다. 때로는 배꼽이 빠져라 웃고, 때로는 목 놓아

통곡하면서.

나는 어머니 친구분의 소개로 김포공항 국내선 스낵 코너에서 점원으로 사회에 첫발을 내딛었다. 가게 청소, 심부름, 배달이 나의 주된 업무였다.

어느 무더운 여름날, 세관 직원들이 콜라 27잔을 시켰다. 나는 쇠쟁반 위에다 콜라를 담은 유리잔 27개를 올리고 조심스레 가게를 나섰다. 무게가 만만치 않았다. 한순간만 방심해도 무게 중심이 한쪽으로 쏠려, 참혹한 결과를 가져올 것이 빤한 상황이었다. 손도, 발도, 몸도 사시나무처럼 떨렸다.

나는 그날의 한 걸음, 한 걸음을 잊지 못한다. 어떻게 2층까지 올라갔는지 기억나지 않는다. 세관원 중 한 명이 땀에 흠뻑 젖은 채 살금살금 걷는 나를 발견했고, 달려와서 쟁반을 낚아채갔다. 그 순간, 다리가 풀려 털썩 주저앉았고 참았던 숨을 몰아쉬었다.

인생을 살아가다 보면 누구나 크고 작은 고난을 겪게 마련이다. 나에게 가장 큰 고난은 바로 그날이었다. 물론 배신도 겪었고, 사업 실패도 몇 차례 겪었다. 하지만 그날처럼 마음을 졸이지는 않았다.

지금도 조마조마한 심정으로 조심스레 걸음을 옮기던 그날을 생각하면 세상사가 하찮게 느껴진다.

성공의 비결을 찾아서!

나는 그 뒤로 다양한 직업을 거쳤고, 수많은 종류의 일을 했다. 봉제공장에도 다녔고, 과일이나 생선도 팔았고, 도배공이나 페인트공으로도 일해봤다. 간병인, 보험설계사, 야쿠르트 아주머니도 해봤고, 화장품 대리점과 건강식품 대리점도 해봤다.

수많은 직업을 전전하면서도 내 머릿속에는 한 가지 생각뿐이었다. '어떻게 하면 성공할 수 있을까?'

성공하고 싶지 않은 사람이 어디 있겠는가. 하지만 내가 성공하려 했던 이유는 부자가 되어서 혼자 떵떵거리고 살기 위함은 아니었다. 나는 힘겨운 시절을 보내서인지 없으면 없는 대로, 있으면 있는 대로 큰 불평불만 하지 않고 살아갈 수 있다.

그럼에도 불구하고 성공하려 했던 가장 큰 이유는 주변 사람들을 도와주기 위함이었다. 은혜를 베풀어준 사람에게는 은혜를 갚고, 마음이 끌리는 사람에게는 도움을 주고 싶었다. 어차피 한번뿐인 인생 아닌가. 돈을 벌어서 나처럼 가난 때문에 공부 못한 학생들을 위한 장학사업도 해보고 싶었다.

누구 못지않게 열심히 살았다고 자부한다. 그러나 몸만 고달플 뿐 성공은 요원하기만 했다. 물론 제대로 된 사업을 할 만한 자본금도 없었고, 성공 비결 또한 전혀 몰랐다.

인생 학교에서 배운 것 중 하나는, 성공하기 위해서는 자본금을 가졌거나 아이디어가 있어야 한다는 것이다. 만약 아이디어도 없고 자본금도 없다면, 좋은 사업과 그렇지 않은 사업을 구별하는 안목이라도 지녔어야 한다.

물론 나는 아이디어도 없고, 자본금도 없었다. 거기다 안목마저 부족했다. 무자본가에게는 네트워크 마케팅이 훌륭한 대안일 수 있다는 사실을 깨달았지만 딱 거기까지였다. 나는 6년 동안 두 곳의 네트워크 마케팅 회사에서 일했다. 부지런히 뛰어다녔지만 결과는 참담했다.

그때는 몰랐다. 사업 시스템과 비전이 제대로 짜여 있어야만 사업자가 성공에 대한 믿음을 갖고 사업을 하고, 소비자가 신뢰할 수 있다는 것을. 그러나 두 회사 다 믿음을 주지 못했고, 결국 부도로 이어졌다.

실패는 새롭게 시작할 기회를 준다고 했던가!

네트워크 마케팅 회사인 애터미를 처음 접했을 때 나는 앞선 두 번의 실패 경험을 통해서 애터미의 장점을 한눈에 알아볼 수 있었다. 이 정도 시스템과 비전이라면 진검 승부를 해볼 만하다는 확신이 들었다.

다른 사업도 마찬가지지만 네트워크 마케팅에서는 시스템과 비전이 정말 중요하다. 아무리 달콤한 말로 미사여구를 늘어놓아도, 시스템이 엉망이고 비전이 보이지 않는다면 절대 성공할 수 없다. 완벽한 시스템과 훌륭한 비전이 있어야만 비로소 성공에 대한 확신을 가질 수 있고, 성장과 미래에 대한 비전을 회사와 공유할 수 있다. 그러한 믿음이 있어야만 주변 사람들을 진심으로 설득해서 함께 성공을 향해 나아갈 수 있는 것이다.

물론 사업 시스템과 비전만으로는 성공할 수 없다. 합리적인 보상 플랜과 개인의 각오나 열정, 대인관계 같은 부수적인 것들이 수반되어야 한다. 학교에서는 공부만 잘하면 되지만 인생이라는 학교는 철저하게 뿌린 대로 거두는 곳이기 때문이다.

학교를 중퇴하고 한동안은 하나님을 원망했다. 아무리 몸부림쳐도 가난에서 벗어날 수 없었다. 남들보다 열심히 일해도 가방끈이 짧다 보니 승진 대상에서 번번이 제외되곤 했다.

그런데 나이를 먹고 나서 곰곰이 생각해보니 그 또한 하나님의 뜻이요, 배려라는 생각이 들었다. 대쪽 같은 나의 성품에 비추어볼 때 만약 내가 부잣집에서 자란 고학력자였다면 교만한 사람이 되었으리라. 가난한 환경에서 자랐기에 사람들의 속마음을 알아채는 눈치를 가질 수 있었다. 그 덕분에 사람들이 진정으로 원하는 것을 해결해줄 수 있었다. 또한 항상 배움에 대한 갈증이 있었기에 타인의 말을 겸손하게 경청할 수 있었고, 나이를 먹고도 여전히 학구열을 유지할 수 있었다.

어쩌면 배움의 끈이 짧았기에 이 글을 쓰고 있는 건지도 모르겠다. 하지만 한 가지 확실한 것은 인생 학교에서 배운 다양한 경험이 네트워크 마케팅은 물론이고, 사회에서 성공하는 데 여러모로 도움이 되었다는 사실이다.

내가 보고, 듣고, 깨달은 성공 노하우가 여러분이 성공의 길로 가는 데 작은 도움이라도 되었으면 하는 바람이다.

Chapter 3 성공하는 사람이 갖춰야 할 습관

How to Succeed

CONTENTS

Chapter 4 이렇게 하면 대인관계의 달인이 된다

Chapter 5 성공을 향해 도약하라

How to Succeed

CONTENTS

Chapter 1

열 가지 성공 비결

의욕적인 목표가
인생을 즐겁게 한다.

_로버트 슐러

나는 성공할 상인가?

나는 관상을 공부하기도 했지만 완전히 믿지는 않는다. 마음은 안에 감춰져 있어서 털어놓기 전에는 알 수 없다. 그러나 관상을 보면 그 사람의 마음을 어느 정도는 짐작할 수 있다.

혈색이 좋고 피부 톤이 밝으면 귀인 같아 보인다. 물론 타고난 피부색깔도 있지만 밝은 톤의 피부, 환한 표정은 현재 그 사람의 마음 상태가 편안함을 의미한다. 거기다 눈동자마저 맑고 투명하다면 더할 나위 없이 편안한 상태라 할 수 있다. 실제로 얼굴에서 반짝반짝 빛이 난다고 생각했던 사람들은 몇 년 후 다시 만났을 때, 상황이 호전되거나 성공을 거둔 경우가 많았다. 반면 피부색도 탁하고 눈동자도 불안스레 흔들렸던 사람들은 상황이 악화되거나 몰락한 경우가 더 많았다.

내가 만났던 관상가들은 하나같이 이렇게 말했다.

"운명은 어느 정도 타고나기도 하지만 개인의 노력과 같은 자유의지에 의해서 충분히 바꿀 수 있습니다."

2013년 〈관상〉이라는 영화가 히트를 쳤다. 수양대군 역을 맡았던 이정재의 "내가 왕이 될 상인가?"라는 대사가 장안의 화제가 되었다.

그 무렵, 나는 거울 앞에서 스스로에게 묻곤 했다.

"내가 성공할 상인가?"

당시 나는 방문 판매 위주의 화장품 영업을 하고 있었다. 5종 세트가 150만 원이 넘고, 3종 세트가 80만 원이 넘는 고가의 화장품이었다.

소비자를 설득해 고가의 화장품을 팔려면 혈색이 좋고, 피부 톤도 밝아야 했다. 그러나 나는 그러지 못했다. 그 이유는 마음이 편하지 않았기 때문이다.

"이건 왜 이렇게 비싸요?"

소비자가 고가의 가격에 의문을 품는 건 당연했다. 나로서는 그들의 의문을 해소해줄 만한 마땅한 방법이 없었다.

"왜 비싸겠어요, 그만큼 좋으니까 비싼 거지!"

나는 본사에서 교육받은 대로 입에 침을 튀겨가며 설득했다. 그러나 조금도 납득하는 기색이 아니었다. 친분을 이용해서 혹은 반강제로 밀어붙여서 화장품을 팔곤 했다. 그러나 돌아서면 매출을 올렸다는 기쁨은 잠시였고, 찝찝함은 오래갔다.

그러던 어느 날 본사에서 대리점 점주들을 공장으로 초빙했다. 점주들의 환심을 사기 위한 일종의 서비스였다. 관광도 시켜주고, 공장도 견학시키고, 유명한 음식점에서 고기도 사주고, 푸짐한 선물도 안겨주었다.

공장을 방문했을 때 안내인의 설명을 듣고, 고가 화장품의 원가가 실제로는 얼마 되지 않는다는 사실을 확인할 수 있었다. 싸게 많이 팔아서 이익을 남기는 시스템이 아니라, 비싸게 팔아서 많은 이윤을 남기는 시스템이었다.

그날 이후로 마음이 더 심란해졌다. 피부 톤은 급격히 어두워졌고, 눈빛은 초조하게 흔들렸다. 사업을 하는 것이 아니라 사업이라는 명목으로 사기를 치고 있다는 생각이 머릿속을 계속 맴돌았다.

"백번을 양보해도, 이런 얼굴상으로는 성공하지 못할 것 같은데…"

딱딱하게 굳은 표정을 보고 있자니 절로 한숨이 나왔다. 나는 굶어 죽는 한이 있더라도 마음 편한 일을 해보기로 결심했고, 그날부로 화장품 대리점을 접었다.

성공하기 위해서는 성공할 수 있는 관상을 가져야 한다. 즉, 무슨 일을 하든지 마음이 느긋하고 편안해야 한다.

지금도 가끔씩 거울 앞에서 스스로에게 묻곤 한다.

"나는 성공할 상인가?"

그런 다음 혈색과 표정, 눈동자를 찬찬히 살핀다. 겉으로 드러난 관상을 통해 현재의 마음 상태를 체크하기 위함이다.

우화 작가인 이솝은 "우리는 마음을 염려해야 하며 외모를 염려해서는 안 된다"고 했다. 아무리 겉을 화려하게 꾸민들 마음의 상태를 바꿀 수 없기 때문이다.

성공하고 싶다면 먼저 편안하고 넉넉한 마음을 가져라. 또한, 그런 마음으로 할 수 있는 일을 찾아라.

현재 하고 있는 일 자체가 죽을 만큼 싫거나, 마치 도둑질을 하고 있는 것처럼 하루하루가 불안하다면 더 이상의 발전은 기대할 수 없다. 차라리 수익은 적을지라도 마음이 편안할 만한 다른 일을 찾아보는 편이 현명하다.

인생도, 세상사도 마음 따라 흘러가게 마련이다.

성공의 길 위에 서 있는가?

세상에는 거미줄처럼 수많은 길이 있다.

모든 길은 로마로 통한다고 하지만 반드시 그런 것은 아니다. 길을 잘못 접어들면 로마에 도착하기 전에 미로에 빠져서 인생을 허비하거나, 광활한 사막에서 외로운 죽음을 맞게 된다.

성공하려면 성공의 길 위에 서야 한다. 지금은 비록 눈에 보이지 않더라도 '성공의 성'으로 이어진 길을 찾아서 그 위에 서야만 한다.

당돌한 아이들은 종종 어른에게 따지듯이 묻는다.

"하기 싫어 죽겠는데 왜 자꾸만 공부하라고 그래? 공부는 대체 왜 해야 하는 건데?"

아이들을 닦달하던 어른들도 막상 이런 물음에는 대답할 말문이 막힌다. 해주고 싶은 말은 무수히 많지만 적절한 표현이 떠오르지 않기 때문이다.

공부는 왜 해야 하는 걸까?

그 이유는 미래를 알 수 없는 데다가 삶이 불확실하기 때문이다. 미래가 확실하다면 아이가 그토록 싫어하는 공부를 강제로 시킬 이유가 무엇이겠는가.

불확실한 세상에서 그나마 공부는 '성공의 성'으로 갈 수 있는 길 중 하나다. 물론 명문대를 나왔다고 해서 성공한다는 보장은 없다. 그러나 제대로 배우지 못한 사람보다 성공 확률이 높은 것만은 사실이다.

사람들은 돈을 벌려면 사업을 해야 한다고 입을 모은다. 성공한 사람보다 실패한 사람이 훨씬 많음에도 불구하고, 사업을 권하는 이유 역시 그 길이 성공의 성으로 가는 길이기 때문이다.

나는 성공 비결을 단 하나도 알지 못했다. 학교에서는 물론이고, 누구도 나에게 그런 것들을 가르쳐주지 않았다. 그저 소처럼 열심히 일하면 언젠가는 성공할 수 있을 줄 알았다. 그러나 현실은 매정했다.

나는 학력 콤플렉스가 있었다. 항상 배운 것이 없어서 남들보다 뒤처진다는 생각을 갖고 살았다. 그래서 다른 사람보다 부지런히 몸을 움직였다. 사회에 나온 뒤로는 자정이 넘어서 잠들어도, 새벽 네 시나 다섯 시면 반드시 눈을 뜬다. 그래야만 못 배운 내가 다른 사람과 동등하게 살 수 있다고 믿었기 때문이다.

잠시도 쉬지 않고 몸을 움직였지만 생활은 좀처럼 나아지지 않았다. 하루는 답답한 마음에 삶의 지혜라도 얻어볼까 해서 책을 읽다가, '가난이 소 아들이라'는 속담을 발견했다. '소처럼 죽어라 일해도 가난에서 벗어날 수 없다는 뜻'이라고 한다.

수긍하지 않을 수 없었다. 소처럼 일만 해서는 안 되겠다는 생각이 들었다. 비로소 성공 가능성이라는 것을 따져보기 시작했다.

그러다 발을 디딘 곳이 네트워크 마케팅이었다. 무엇보다도 자본이 없는 사람이 성공하기에 좋은 사업이라는 사실에 매료되었다. 이쪽 일을 시작하자 성공한 사람들을 만날 수 있었고, 그들의 성공담은 나에게 큰 자극이 되었다.

그제야 나도 남들처럼 '성공할 수 있다'는 희망을 가질 수 있었다. 성공한 나의 모습을 머릿속에 구체적으로 그릴 수 있었다.

처음 들어간 회사에서 3년 동안 시키는 대로 열심히 일했다. 그러나 회사는 하루아침에 부도나서 공중분해되었다. 허망했다. 그러나 성공할 수 있다는 희망을 포기할 수는 없었다. 다른 네트워크 마케팅 회사에 들어갔다. 다시 3년을 열심히 뛰어다녔다. 그러나 결국 그 회사도 문을 닫고야 말았다.

만신창이가 된 나는 스스로에게 물었다.

'나는 정말 성공의 길 위에 서 있는가?'

두 번의 참담한 실패를 겪고 나자 매사에 신중해졌다. 누군가 네트워크 마케팅을 하자고 권유해도 예전처럼 턱석 미끼를 물지 않았다. 꼼꼼하게 시스템을 따져보았고, 비전이 있는지를 확인하고 또 확인하였다. 그 결과 '애터미'라는 회사를 선택했고, 비로소 성공의 길 위에 설 수 있었다.

케이크가 먹고 싶으면 빵집에 가고, 순댓국이 먹고 싶으면 순댓국집에 가야 하듯이 성공하려면 먼저 성공의 길 위에 서야 한다.

당신은 지금 그 길 위에 서 있는가?

성공 시스템을 갖추고 있는가?

세상은 공평하지 않다. 누구는 휴일도 없이 새벽부터 밤늦게까지 일해도 가난하게 산다. 또 누구는 매일 맛집을 골라 먹으러 다니고, 툭하면 해외여행을 다니며 산다.

그들이 다른 점은 돈 버는 시스템을 갖추었느냐, 그러지 못했느냐이다. 부자들은 돈 버는 시스템을 갖추고 있다. 굳이 일하지 않고 여행을 다녀도 통장에 돈이 계속 쌓인다. 그 돈은 건물이나 아파트 월세일 수도 있고, 특허 사용료일 수도 있고, 노래나 책 등의 저작권료일 수도 있고, 누군가에게 믿고 맡긴 가게 수입일 수도 있다.

부자가 되려면 부자 시스템을 갖춰야 하듯이, 성공하려면 성공 시스템을 갖춰야 한다. 성공하고 싶다면 현재의 일로 성공할 수 있는지를 꼼꼼히 따져보아야 한다.

세계적인 음악가로 성공하려면 어려서부터 훌륭한 스승에게 지도를 받으며 엘리트 코스를 밟아야 한다. 물론 폴 포츠처럼 텔레비전 프로그램 쇼에서 우승해 일약 세계적인 스타가 되기도 한다. 그렇지만 이는 일반적이라기보다는 아주 보기 드문 경우라 할 수 있다.

교수나 법학자, 과학자도 과정은 비슷하다. 이미 사회적으로 갖추어 놓은 성공 시스템에 합류하면 꿈을 이룰 확률을 높일 수 있다.

사업에도 성공 시스템이 있다. 그래서 성공하는 사람은 계속 성공하고, 실패하는 사람은 계속 실패한다. 특히 체계가 잡혀 있지 않은 벤처 사업인 경우, 앞서 성공한 사람의 조언이 매우 중요하다. 그들은 어떻게 해야 성공할 수 있는지 시스템을 파악하고 있기 때문이다.

네트워크 마케팅에서도 가장 중요한 것은 시스템이다. 나를 성공으로 이끌 만한 시스템을 갖추고 있는가를 눈여겨봐야 한다. 체계적이고 안정적인 시스템을 구축하고 있어야만 쓸데없는 걱정 없이 일에만 매진할 수 있기 때문이다.

네트워크 마케팅의 기본은 '내가 소비자 겸 판매원이 되어서 생활용품을 사용하고, 그 대신 광고비나 유통 비용을 돌려받는 것'이다. 내가 사용하고 지인들에게 추천하기 위해서는 제품이 가격 대비 좋아야 하고, 누구나 손쉽고 간편하게 제품을 구입할 수 있어야 한다. 또한 사업 자체가 단순 명료해서 쉽게 이해할 수 있어야 한다.

나는 네트워크 마케팅에 대한 경험 덕분에 애터미의 성공 시스템을 한눈에 파악할 수 있었다. 애터미는 다른 네트워크 마케팅 회사와는 달리, 가입비나 직급 유지비가 없다. 한 번 등록하면 회원 코드를 받게 되는데, 3대까지 상속할 수 있다. 애터미 쇼핑몰에 접속하면 전 세계 어디에서든 누구나 간편하게 제품을 구매할 수 있어서, 판매자뿐만 아니라 소비자도 접근이 용이하다.

애터미의 체계적인 성공 시스템 중에서도 특히 나의 마음을 사로잡은 것은 '최고의 직급에 올라도 한 사람이 수령할 수 있는 최고액은 월 5,000만 원으로 한정한다'라는 규정이다(그 대신 최고직급인 임페리얼 마스터에 오르면 현금 10억 원을 일시불로 받는 등 여러 혜택을 누릴 수 있다).

나는 다른 회사의 네트워크 마케팅에서 한 사람이 월 10억 원을 받아가는 것을 보았다. 한 사람의 화려한 성공은 동기 부여가 되는 것도 맞지만 그 밑에 있는 다른 사람의 성공을 가로막는 장벽이기도 하다.

네트워크 마케팅을 하다 보면 '앞서 성공한 사람'을 만나게 된다. 처음 입문한 사람에게는 존경의 대상이 아닐 수 없다. 하지만 그들이 도저히 뛰어넘을 수 없는, 인간이 아닌 신처럼 느껴져서는 안 된다. '나도 열심히 하면 저분처럼 성공할 수 있다'는 확신이 들어야 한다. 그것이야말로 제대로 된 성공 시스템이다.

조선 후기의 문신인 이양연이 지은 시 〈야설(野雪)〉은 네트워크 마케팅으로 성공을 거둔 나에게 많은 것을 생각하게 한다.

눈 내린 들판을 걸어갈 때에는
어지러이 함부로 가지 말지니,
오늘 아침 나의 발자국이
뒷사람의 이정표가 되리라.

다들 그렇겠지만 나 역시 앞사람의 발자국을 따라가다가 여기까지

도달했다. 머잖아 이르겠지만 아직 최고 직급은 아니다. 그래도 내 뒤에는 수많은 사람이 따라오고 있다.

그래서 매일 집을 나설 때면 이렇게 다짐하곤 한다.

'작은 성공에 취해서 거만해하지 말고 겸손하게 하루를 살자!'

성장하고 있는가?

오래전, 《맹자》〈고자하(告子下)〉에 실린 글을 보고 감동한 적이 있다.

'하늘이 어떤 이에게 장차 큰일을 맡기려 할 때는 먼저 그 사람이 뜻을 세우기까지 마음을 괴롭히고, 육신을 피곤하게 하고 굶주리게 하여서 몸을 궁핍하게 한다. 그를 곤경에 빠뜨리는 까닭은 흔들리지 않는 강인한 성품을 길러서, 불가능한 일도 능히 해낼 수 있도록 성장시키기 위함이다.'

하나님이 아무리 인자하시더라도, 매일 방구석에 누워서 천장만 쳐다보고 있는 나를 성공의 길로 이끌어줄 리는 만무할 것이다. 성공하려면 성장해야 한다. 복은 그 사람의 그릇만큼 받는 법이다. 하나님은 내가 성장한 만큼, 내가 감당해낼 수 있을 만큼의 성공을 안겨주신다.

성공하고 싶다면 세 가지가 균형을 이루며 성장하고 있는지 살펴

봐야 한다.

첫째, 회사가 성장하고 있는가?

과학기술의 발달로 세상은 급변하고 있다. 그러다 보니 새로 생겨나는 회사도 많지만 소멸해가는 회사도 많다. 나는 몸담았던 네트워크 마케팅 회사가 연이어 망하는 바람에 6년이라는 소중한 세월을 허비해야만 했다. 또다시 같은 아픔을 겪을 수는 없기에 내가 몸담은 회사가 성장하고 있는지, 퇴보하고 있는지 눈여겨보았다.

세상에는 아침 햇살 같은 회사가 있고, 한낮의 태양 같은 회사도 있고, 저녁노을 같은 회사도 있다. 이미 사양길로 접어든 저녁노을 같은 회사라면 더 늦기 전에 다른 길을 찾아보는 편이 현명하다.

다행히도 네트워크 마케팅 사업은 성장 과정에 있다. 내가 속해 있는 애터미도 매년 매출이 늘면서 꾸준히 성장해 나아가는 중이다.

둘째, 내가 성장하고 있는가?

회사는 성장하는데 나는 제자리걸음을 하고 있거나 퇴보하고 있다면 어딘가에 문제가 있는 것이다. 스스로 문제점을 찾아서 해결해야 한다.

개인의 성장은 반드시 성공하겠다는 의지와 끈기에 달렸다. 나 역시 한동안 정체되었던 시기가 있다. 애터미에서 사업하기 위해서 사무실을 차렸지만 수입이 없어서, 임대료를 내는 일 자체가 큰 문제였다.

나는 그 시기에 앞서 인용한 맹자의 글을 읽었고, '내 마음이 힘들고, 몸이 고단한 까닭은 하나님이 나를 성공시키려는 준비 과정이어서 그래'라며 스스로를 위로하곤 했다.

어려운 시절이었지만 매일 한 걸음만 앞으로 내딛겠다는 의지로 버티다 보니, 어느 한순간 눈앞이 환해지면서 길이 보이기 시작했다. 나도 모르는 사이에 그만큼 성장한 것이리라.

셋째, 함께 성장하고 있는가?

나만 성공하겠다는 마음가짐으로는 네트워크 마케팅에서는 큰 성공을 거둘 수 없다. 네트워크 마케팅에서는 대인관계가 대단히 중요하다. 시작할 때부터 함께 성공한다는 마인드를 가져야 한다. 파트너도 좋고, 가족이나 친인척도 좋고, 친구도 좋고, 신세를 졌던 사람도 좋고, 오늘 처음 만난 사람이라도 상관없다. '빨리 가려면 혼자 가고, 멀리 가려면 함께 가라'는 말도 있지 않은가.

네트워크 마케팅으로 성공하는 길은 어떻게 보면 멀고, 어떻게 보면 가깝다. 저 멀리 성공의 성이 보여서 만만하게 보고 혼자서 달려가다 보면 이내 지쳐서 포기하고 만다. 다소 느려 보이더라도 함께 가야지만 힘이 뭉쳐져 시너지 효과를 낼 수 있고, 배우며 성장할 수 있고, 웃고 즐기며 일할 수 있다.

목표에 집중하고 있는가?

공정을 부르짖는 세상에서, 높은 집값과 빈부 격차로 불평등을 체감하며 살아가는 청년들이 자주 하는 말들이 있다.

'눈을 떠보니 부모가 건물주.'

'눈을 떠보니 부모가 병원장.'

'눈을 떠보니 부모가 상장회사 대주주.'

개인의 노력으로 바꿀 수 없는 암담한 현실을 빗대어 하는 말이다. 열심히 일해서 '내 집 마련'이 가능하다거나 '나도 부자가 될 수 있다'는 희망이 보이지 않다 보니, 결혼 연령은 갈수록 늦어지고 출산율은 계속 떨어져만 간다.

현실이 힘들수록 목표 설정이 중요하다. 자본이 없으면 성공하기가 한층 더 어려워진 것은 사실이다. 그러나 인간의 삶은 결국 생각하는 대로 흘러가게 마련이다. '콩 심은 데 콩 나고 팥 심은 데 팥 난다'

는 속담도 있지 않은가. 어떤 생각을 하며 살아가느냐에 따라서 그 사람의 운명도 바뀐다.

일확천금을 꿈꾸는 사람은 결국 도박이나 절도로 패가망신한다. 성공을 꿈꾸는 사람은 시련이 따르더라도 스스로 포기하지 않는다면 언젠가는 이루게 된다.

목표 설정을 할 때는 '내가 진정으로 원하는 것이 무엇인가?'를 곰곰이 생각해봐야 한다. 목표가 근사해 보여서라거나 단순하게 다른 사람을 쫓아서 목표를 설정할 경우, 열에 아홉은 중도에 포기하게 된다. 어떤 상황에서도 포기할 수 없는 이유를 먼저 찾아야 한다.

이루어야 할 목표가 생겼다면 구체화하라. 사람들이 목표를 이루지 못하는 까닭은 머릿속으로만 생각하기 때문이다. 생각은 수시로 변한다. 아무리 근사한 목표라도 생각이 바뀌면 연기처럼 사라져버린다.

목표가 눈앞에서 사라지지 않도록 구체화하라. 최종 기한을 정하고 중기, 단기로 세분화해야 한다. 매일 눈으로 볼 수 있게끔 손으로 써보고, 그림으로 표현해보거나, 조각으로 만들어서 형상화하라.

목표를 반드시 이루어야겠다는 생각이 든다면 행동 방침을 정하고 실행에 옮겨라. 그 어떤 새도 단 한 번의 날갯짓으로 하늘 높이 날아오르지 못한다. 목표도 마찬가지다. 비록 단기 목표라 할지라도 이루기 위해서는 비슷한 행위를 수없이 반복해야 한다.

처음부터 잘하는 사람이 얼마나 되겠는가. 열심히 해도 성과가 나지 않으면 실망감이 밀려오고, 열정이 식으면서 목표에 대한 집중력이 흐트러지고 결국 포기하고 싶은 마음이 든다. 이때 마음을 다잡아야 한다. 고난이 밀려오더라도 뚜렷한 목표를 갖고 눈앞의 일에 집중해야 한다. 한 치 앞도 볼 수 없는 어려운 상황일지라도, 앞을 향해 조금씩 전진하다 보면 상황이 호전되고, 마침내 단기 목표를 이룰 수 있다. 힘들었던 만큼의 성취감을 느끼게 되고, 자신감이 붙어서 중기 목표를 향해서 보다 빠르게 달리게 된다.

목표에 대한 집중은 나 자신의 숨겨진 능력치를 최대한 끌어올려준다. 소심한 사람도 사자처럼 용맹해진다.

그래서 성공한 사람들은 종종 이렇게 말한다.

"그때는 진짜 무모했어. 어떻게 그런 행동을 했는지 몰라."

삶이 힘들수록, 잡념이 많을수록 목표에 집중하라. 쓸데없는 근심 걱정을 잊을 수 있고, 인생에 대한 회의감이나 나에 대한 불신으로부터 벗어날 수 있다. 또한 뇌가 한 가지에 몰입할 때 느끼는 행복감을 맛볼 수 있다.

생텍쥐페리는 "계획 없는 목표는 한낱 꿈에 불과하다"고 했다. '성공하고 싶다', '부자가 되고 싶다'고 노래하고 다녀서 성공하고 부자가 될 수 있다면 얼마나 좋겠는가.

목표를 이루기 위해서는 무슨 일을 할 것인지, 언제까지 할 것인지, 어떻게 성공할 것인지에 대한 구체적인 계획을 짜야 한다. 그런 다음 행동 방침을 정하고 실행에 옮겨야 한다. 목표에 온전히 집중할 수만 있다면, 당신은 어느새 성공의 반열에 올라 있는 자신을 발견하게 될 것이다.

실천하고 있는가?

롤랑 조폐 감독의 영화 〈미션〉은 남아메리카에서 선교 활동을 하는 선교사들의 이야기다. 영화에서 요한복음의 말씀이 나온다.

'빛이 어둠을 비추되, 어둠이 깨닫지 못하더라.'

감동적인 영화였지만 세월이 지나니 내용은 점점 기억에서 사라지고, 성경 말씀만 또렷하게 남아 있다.

예수님이 곧 생명이요 길임을 아예 모르거나 잊고 사는 사람들이 많은 것처럼, 대다수가 실천하지 않으면 성공할 수 없다는 사실을 망각한 채 살아간다. 생각만으로 성공한 사람은 아무도 없다. 사업 아이템이 좋아서 성공 확률이 99.9%라 하더라도 실천하지 않으면 아무 소용이 없다.

방학이 다가오면 학교에서는 '방학 생활 계획표'를 미리 짜오라고 시킨다. 방학이라고 해서 학생들이 공부는 안 하고 놀기만 할까 봐, 미리 받아놓는 다짐 비슷한 것이다. 모두 열심히 계획표를 짜서 제출한다. 하지만 그대로 실천하는 학생은 소수에 불과하다. 저학년일수록 상황은 심각하다. 실컷 놀다가, 개학이 코앞에 닥쳐서야 밤을 새워가면서 부랴부랴 밀린 방학숙제를 하고, 일기를 한꺼번에 쓴다.

학생들이 방학 생활 계획표를 실천하지 않는 이유는 스스로 고민해서 짠 계획표가 아니기 때문이다. 왜 공부해야만 하는지도 모르는 아이들이 아침 일찍 일어나서 공부하기를 바란다는 것은 해가 서쪽에서 뜨기를 바라는 것과 같다.

실천하지 않는다는 것은 목표 설정이 잘못되었음을 의미한다. 목표를 이루어야 할 이유가 명확하지 않은데 굳이 번거로움을 무릅쓰고 실천할 이유가 있겠는가.

인간은 변화를 싫어한다. 특히 어느 정도 나이를 먹어서 도전정신이 사라지면 진보적이던 사람도 보수적으로 변한다. 그러다 보니 행동파보다는 계획파만 늘어난다.

계획을 실천하려면 행동으로 옮길 수 있게끔 구체적으로 짜야 한다. 만약 내가 네트워크 마케팅 사업을 하고 있고, 직급을 한 단계 올리는 것이 단기 목표라고 하자. 그렇다면 그 목표를 달성하기 위한 행동 방침을 세워야 한다. 예컨대 '매일 10명에게 전화하고, 5명의 잠재적 소비자를 만난다'와 같은 행동 계획이 뒤따라야 한다.

목표를 이루려고 확고하게 결심했더라도 그것만으로 목표를 달성할 수는 없다. 결국 목표를 이루게 하는 것은 '반복의 힘'이다.

성공까지는 꽤 먼 거리다. 아무리 마라톤에 소질이 있고 훌륭한 기록을 갖고 있다고 해도, 앞으로 한 발 더 내딛지 못하면 마라톤 코스를 완주할 수 없다. 처음에는 어색할지라도, 익숙해져서 습관이 될 때까지 계속 반복할 필요가 있다. 일단 습관이 되어버리면 중도에 멈추기가 오히려 힘들어진다.

반복하는 습관이 붙어도 한두 번쯤 위기가 찾아온다. 목표와의 거리가 좀처럼 좁혀지지 않고, 제자리만 맴돌고 있다는 생각이 들면 실망감과 함께 포기하고 싶은 마음이 든다. 아무리 맛있는 음식일지라도 똑같은 음식만 계속 먹으면 질리는 것과 같은 이치다.

이는 목표와 현실과의 차이가 너무 벌어졌을 때 생기는 현상이기도 하다. 목표를 느긋하게 잡아도 문제지만 조급하게 잡아도 문제가 발생한다. 아무리 노력해도 이룰 수 없다는 생각이 들면 결국 방치하고, 서서히 포기하는 것이다. 이럴 때는 단기 목표를 새롭게 설정해야 한다. 현실적으로 목표를 재조정해야 한다. 그래야만 다시 달릴 수 있다.

'말로는 사촌 기와집도 지어준다'는 속담이 있다. 말로는 이 세상에서 이루지 못할 일이 무엇이랴. 백 마디 말보다도 작은 실천이 중요하다. 목표를 세웠다면 당장 실천에 옮겨라. 빛이 어둠을 비추듯, 부자가 될 기회가 코앞에 있다. 단지 그것을 깨닫고 실천하기만 하면 된다.

누구보다 열정적인가?

성공하는 사람과 그렇지 못한 사람과의 한 가지 분명한 차이점이 있다면 바로 열정이다. 어떤 분야에서 일하느냐에 따라 난이도의 차이는 있겠지만, 자신의 일을 미친 듯이 사랑하는 사람은 언젠가는 반드시 성공한다.

인간은 미래를 꿈꾸며 현재를 살아간다. 성공을 꿈꾸며 열정적으로 일하면 힘든 현실을 잊을 수 있다. 성공이 눈앞에서 아른거려서 마음이 미래에 가 있기 때문이다.

뚜렷한 목표가 열정을 불러일으킨다. 목표가 없는 사람은 쉬운 일조차 끈기 있게 해내지 못한다. 반면 목표가 뚜렷한 사람은 힘든 일도 땀을 뻘뻘 흘리며 열정적으로 해낸다.

새해가 되면 저마다 목표를 세우고 새로운 다짐을 한다. 다이어트나 외국어 공부를 결심하기도 하고, 새벽 운동을 위해서 피트니스클

럽에 등록한다. 하지만 대다수가 작심삼일로 끝난다.

　그 이유는 목표를 세웠을 때의 열정이 사라져버렸기 때문이다. 습관으로 정착할 때까지는 계속 관심을 가져야 하는데, 방치해버렸기 때문이다.

　뚜렷했던 목표가 희미해지면 열정은 급속도로 식는다. 해야 할 일이 많은 뇌는 항상 우선순위를 정해서 일을 처리한다. 새해 첫날 목표를 세웠을 때는 그 일이 1순위였지만 목표가 희미해지면 이내 후순위로 밀린다. 그렇게 방치해두다 보면 점점 밀려나서 이내 '해야 할 일의 목록'에서 사라져버린다.

　세상은 나의 바람대로 흘러가지 않는다. 목표를 세울 때는 모든 일이 순조롭게 진행될 거라고 예상한다. 설령 고난이 닥치더라도 반드시 극복해내리라 다짐한다. 그러나 막상 고난이 닥치면 그 사람의 역량이 드러나고, 대다수가 무릎을 꿇는다.

열정을 유지하기 위해서는 고난이 닥쳐도 '계속하는 힘'을 길러야 한다. '노련한 뱃사공은 거친 파도가 만든다'는 말처럼 인간은 위기를 겪으며 성장한다. 성공하려면 위기를 기회로 여길 줄 아는 뱃심이 있어야 한다.

모든 일이 술술 풀릴 때 열정적으로 살아가는 건 누구나 할 수 있다. 일이 잘 풀리면 기분이 좋아서 유쾌해진다. 그럴 때는 신체 에너지가 활성화되어서 밤늦게까지 일해도 피곤한 줄도 모른다.

남다른 열정이 필요할 때는 고난으로 일이 제대로 추진되지 않을 때다. 곤경에 빠졌을 때, 포기하고 싶을 때 무릎 꿇는 것이 아니라 오히려 열정을 불살라야 한다. 눈을 뜨기조차 힘든 폭풍우 속에서 균형을 잡고, 앞으로 나아가는 사람만이 결국 성공한다.

토머스 에디슨은 이렇게 말했다.

"이 세상의 실패 중 75%는 끝까지 버텼더라면 성공할 수 있었을 것들이다."

실패를 거듭하더라도 포기하지 않고 계속하는 힘, 성과가 없더라도 전진하는 힘이야말로 성공의 비결이라 할 수 있다.

곤경에 빠졌을 때 열정을 유지하기 위해서는 세 가지가 필요하다.

첫째, 긍정적인 마인드이다.

다른 사람들이 입을 모아 90%는 실패한다고 해도, '성공 가능성이 1%도 아니고, 자그마치 10%라니!'라며 희망의 불꽃을 피워야 한다.

둘째, 작은 성공을 통해 맛보는 성취감이다.

일이 뜻대로 풀리지 않으면 몸도 마음도 위축된다. 그럴 때는 일상에서 맛볼 수 있는 작은 성공을 통해 성취감을 느낄 필요가 있다. 집안을 대청소한다거나 등산을 간다거나 해서 성취감을 맛보면 계속할 용기를 얻을 수 있다.

셋째, 공부를 통해서 받는 자극이다.

매일 비슷하게 반복되는 삶을 살아가다 보면 열정도 시들해진다. 그럴 때 생각이 비슷한 사람들과 미팅을 하고, 세미나에 참석하고, 새로운 사람을 만나 토론을 하고, 책을 읽으며 새로운 지식을 받아들이다 보면 뇌가 자극을 받아서 열정을 계속 불사를 수 있다.

포기하고 싶은 위기의 순간을 슬기롭게 넘기면 한 단계 성장한다. 자신감도 함께 가질 수 있으며 성공에 대한 확신도 생긴다.

계속 공부하고 있는가?

나는 육남매 중 넷째로 태어났다. 학교 다닐 때는 공부에 흥미가 없었다. 방과 후에는 친구들과 어울려 놀며 시간을 보냈다. 그 시절에는 공부의 필요성을 특별히 느끼지 못했다. 어른들은 '공부해야 훌륭한 사람이 된다'고 입을 모았지만 내 주변에 훌륭한 사람은 눈을 씻고도 찾아볼 수 없었다. 나는 그런 말들을 들을 때마다 '자기들도 학창시절에 안 했던 공부를 왜 나보고 하라 그래?'라며 속으로 투덜거리곤 했다.

사회에 나와 일을 하면서 비로소 공부의 필요성을 절감했다. 학교에서의 공부는 성적으로 이어지지만 인생 학교에서의 공부는 실적으로 이어진다.

인생 학교에서의 공부는 내가 무슨 일을 하느냐에 따라서 달라진다. 장사할 때는 신선한 물건을 고르는 법을 배우고 싶었고, 영업을 할 때는 대화로 상대방의 마음을 사로잡는 법을 배우고 싶었고, 네트워크 마케팅을 할 때는 대인관계를 잘하는 법을 배우고 싶었다.

하지만 나에게 그런 것들을 가르쳐줄 사람은 없었다. 스스로 깨달아야 했고, 부족하다고 생각하는 부분들은 독서로 보충했다.

나는 틈나는 대로 책을 읽었다. 주로 새벽에 일어나서 독서를 했는데, 잠에서 깨어나 고요한 시간에 책을 읽자면 어려운 내용도 어렵지 않게 느껴졌다.

네트워크 마케팅 사업을 하는 지금은 독서도 유지하고 있지만 주로 관련 동영상을 찾아보면서 하루를 시작한다. 공부 머리는 그리 좋지 않은지 사실 이해력이 뛰어난 편은 아니다. 그러다 보니 읽었던 책을 반복해서 읽거나, 봤던 동영상을 여러 차례 돌려보면서 놓쳤던 중요한 부분은 없는지 확인하곤 한다.

네트워크 마케팅 사업을 하다 보면 다양한 사람을 만나게 된다. 교수, 과학자, IT 전문가, 방송 관계자, 사업가 등등…. 그들의 살아온 이야기를 듣는 것은 내게는 또 다른 인생 공부다. 그들의 인생 이야기에서 내가 경험해보지 못했던 많은 것을 배우고 경험한다.

성장하기 위해서는 공부가 필요하다. 네트워크 마케팅은 교육 사업이다. 사업을 처음 시작하려는 사람에게는 무엇보다도 체계적인 교육이 필요하다. 그런 사람을 교육하기 위해서는 내가 먼저 공부해야 한다.

나는 서울 위드조아라는 이름의 애터미센터를 운영하고 있다. 센터에서 실시하는 기초사업 설명회에 참석하는 사람은 세 종류다. 애터미 제품에 관심 있는 사람, 사업에 관심 있는 사람, 지인의 권유로 참석해본 사람이다.

하지만 사람의 생각은 수시로 변한다. 사업에 관심 있었던 사람이 포기하기도 하고, 제품에 관심을 가졌던 사람이나 지인의 권유로 참석했던 사람이 사업에 흥미를 느껴 사업가로 변신하기도 한다.

네트워크 마케팅 사업을 하고 싶어 하는 사람에게는 센터에서 리더십 트레이닝을 시킨다. 사흘 동안의 교육을 받고 나면 대다수가 판매사에 도전한다.

센터장이 되면 싫든 좋든 사람들 앞에 서야 한다. 나는 다양한 인생 경험 덕분에 대인관계에는 능한 편이다. 그러나 강연은 취약해서 주로 사업 파트너나 본부장이 도맡는다. 물론 나도 회원들의 요청에 의해 종종 강연을 해야 할 때가 있지만 말이다.

사실 네트워크 마케팅 사업에서 가방끈의 길이는 중요하지 않다. 지금은 익숙해져서 괜찮지만 가방끈 짧은 내가 가방끈 긴 분들 앞에서 처음 강연을 할 때는 내심 긴장이 돼서, 제대로 말을 하고 있는지조차 알 수 없었다.

공부의 중요성은 센터에서 리더십 트레이닝 과정을 개설하기 전부터 느끼고 있었다. 의욕을 갖고 사업을 시작했던 사람들이 중도에 그만둘 때마다, 나는 새삼 공부의 중요성을 깨닫곤 했다. 네트워크 마케팅에 대해서 제대로 공부해서 시스템과 비전을 확실하게 이해하고 있는 사람만이 포기하지 않고 계속 사업을 해나갔던 것이다.

나는 네트워크 마케팅 사업으로 성공했지만 지금도 매일 새벽에 일어나서 공부를 한다. 꼭 다른 사람들 앞에서 강연을 잘하기 위해서는 아니다.

영국의 정치가이자 생물학자인 존 러벅은 이렇게 말했다.

"남이 나보다 뛰어나더라도 그것은 수치스러운 일이 아니다. 그러나 올해의 내가 작년의 나보다 뛰어나지 않다면 그것은 수치다."

나의 경쟁 상대는 타인이 아닌 바로 나 자신이다. 매해, 아니 매일 성장하는 사람이 되기 위해서 나는 오늘도 공부를 한다.

원만한 인간관계를 유지하고 있는가?

학교 다닐 때는 국·영·수가 중요 과목이었다. 인생 학교에서 가장 중요한 과목 중 하나는 바로 인간관계다.

인간은 사회적 존재로서 집단을 이루어 살아가면서 저마다의 행복을 추구한다. 따라서 인간관계는 개인의 행복과 밀접하게 연관되어 있다. 인간관계를 잘하면 가족과 화목하게 지낼 수 있고, 주변 사람들에게도 호감을 사서 사회적으로 성공할 가능성이 높다.

인간관계를 잘하는 사람은 갈등이 생겨도 어렵지 않게 해소한다. 반면 인간관계가 서툰 사람은 살아가면서 여러 갈등을 겪는다. 가족, 친구, 직장 상사나 동료와의 갈등 속에서 극심한 스트레스를 받는다. 개인의 지식이나 능력과는 별개로 행복한 삶과는 멀어지는 것이다.

다소 업무능력이 떨어져도 인간관계만 잘하면 무난하게 직장 생활을 할 수 있다. 그러나 인간관계가 서툴면 업무 능력이 탁월하더라도 오래 버티지 못한다. 인간관계로 인한 여러 스트레스에 시달리다가 이직을 시도한다. 어렵사리 이직에 성공하더라도 다시 인간관계 때문에 고통받는다.

나는 다양한 사람을 만나봤는데, 인간관계가 서툰 사람 중에는 의외로 고력학자가 많았다. 인간은 자기중심적이고 이기적인 존재이긴 하지만, 지나치게 자신만 알거나 자기주장만 내세우면 사람들이 등을 돌리게 마련이다.

인간관계를 잘하려고 자신의 기분은 무시한 채 상대방에게 호의를 베푸는 사람도 있다. 이렇게 맺은 관계는 처음에는 좋을 수 있어도 오래가지 못한다. 세월이 흐를수록 상대방은 나의 호의를 고마워하기는커녕 당연하게 생각한다. 결국 내 기분만 점점 나빠져서, '이렇게까지 해 가며 내가 저런 인간을 만나야 하는 거야?'라는 회의감에 빠지게 된다.

인생에서 가장 중요한 사람은 '나' 자신이다. 내가 없는 인생이 무슨 의미가 있겠는가.

인간관계에서도 가장 중요한 것은 바로 나 자신이다. 일단 내 마음이 편안해야 한다. 내 마음이 불편한데 다른 사람과 잘해보려고 노력한들 결과가 좋을 리 없고, 설령 결과가 좋더라도 관계는 오래 지속되지 못한다. 먼저 나를 사랑할 줄 알아야 하고, 나 자신에 대한 자존감이 높아야 한다. 대체적으로 이런 사람들은 원만한 인간관계를 유지한다.

스스로를 사랑하지만, 자존감이 아닌 자존심만 높은 사람도 있다. 이런 유형은 타인과 사사건건 부딪친다. 때로는 져줄 줄도 알고, 굽힐

줄도 알아야 하는데 그러질 못하기 때문이다.

인간관계의 기본은 '존중'과 '배려'다. 사회적 위치, 재산, 외모 등 등과 상관없이 상대방을 충분히 존중해줘야 한다. 설령 내 의견이 옳더라도 내 말만 늘어놓지 말고, 상대방의 의견도 경청해줘야 한다. 그런 다음 상대방의 마음을 헤아려서 적절히 배려해줄 때 비로소 호감을 살 수 있다.

우리가 이렇게 쉬운 원리를 알고 있으면서도 실천하지 못하는 이유는 손해 보지 않으려는 마음 때문이다. 상대방을 존중해주면 자신의 가치가 낮아진다고 생각하고, 상대방을 배려해주면 자신이 손해 본다고 생각하기 때문이다.

인간관계를 잘하는 사람은 마치 흐르는 물처럼 유연하다. 물은 어떤 형태를 만나도 다투지 않고 잘 어울린다. 인간관계의 달인들은 동그란 사람을 만나면 동그랗게, 사각형인 사람을 만나면 네모 모양으로, 팔각형인 사람을 만나면 팔각형 모양으로 변신해서 하나가 된다.

'아주머니 떡도 싸야 사먹지'라는 속담이 있다. 비록 친한 사이일지라도 서로가 잇속을 챙길 수 있을 때만 좋은 관계가 유지된다는 뜻이다. 옛날 속담이지만 친분보다는 경제적 이익을 중시하는 현대 사회에도 잘 맞아떨어진다.

대인관계에서도 서로가 서로에게 어떤 식으로든 이익을 줄 수 있는 관계가 바람직하다. 하지만 상황에 따라서는 기꺼이 손해를 감수할 수도 있어야 한다.

'닷 돈 보고 보리밭에 갔다가 명주 속옷 찢었다'는 속담도 있다. 작은 이익에 눈이 멀어 큰 손해를 보는 경우를 비유하는 말이다. 성공하기 위해서는 눈앞의 이익에 연연해하기보다는 길게 내다봐야 한다.

네트워크 마케팅은 인간관계를 기본으로 한다. 혼자서 할 수 있는 일은 많지 않다. 제아무리 잘난 척해봤자 이내 한계에 부딪치게 된다. 여러 사람과 팀을 이뤄서 함께 일하고, 서로 도움을 주고받는 관계가 자연스럽게 형성되면 성공에 성큼 다가갈 수 있다.

10

일, 그 자체를 즐기는가?

사람들과 대화하다 "지금 하는 일이 좋으세요?"라고 물으면 열에 아홉은 "좋아서 하나요, 먹고살려고 마지못해 하는 거죠"라고 대답한다.

나 역시 그랬던 시절이 있었다. 일을 한다기보다는 어떻게든 버텨야 한다는 심정으로 힘겨운 날들을 견뎌냈다. 돌이켜보면 무척 불행한 시절이었다.

인간은 사회적 존재이다 보니 일을 하며 살아간다. 그렇다면 우리가 일생 동안 일하는 시간은 얼마나 될까?

영국의 언론지 〈더 선〉에 실린 기사에 의하면, 평균수명이 80세라고 가정했을 때 21만 9,000시간 동안 잠자고, 22만 7,760시간 동안 일하며 보낸다고 한다. 햇수로 따지면 약 25년 동안 잠자고, 26년을 일하는 셈이다. 그렇다면 '일벌레'라 불리는 한국인이라면 대다수가 26

년 넘게 일하며 살아가는 셈이다. 그런데 자그마치 26년이라는 세월을 마지못해 버틴다면 어디서 행복을 찾을 수 있겠는가.

일은 내 삶의 일부분이다. 성공하기 위해서는 노력도 중요하지만 자신의 일, 그 자체를 즐겨야 한다. '노력하는 사람은 즐기는 사람을 이길 수 없다'는 말도 있지 않은가.

성공하는 사람들은 일, 그 자체를 즐긴다. 타이거 우즈는 골프를 즐기고, 크리스티아누 호날두는 축구를 즐기고, 세계 최고 부자인 일론 머스크는 자신의 일을 즐긴다.

지겹지만 버티는 사람은 한계가 명확하다. 재능이 있더라도 그 재능을 십분 활용하지 못하기 때문이다. 반면 즐기는 사람은 자기 능력 이상의 일을 해낸다. 즐길 수 있을 때 집중할 수 있고, 집중해야만 시간을 효율적으로 사용할 수 있기 때문이다.

많은 사람이 일 자체보다는 일로써 얻을 수 있는 것을 사랑한다. 즉, 일이 아닌 돈이나 명예를 사랑한다. 결국 돈을 사랑하는 사람은 평생 돈만 쫓아다니다가 죽고, 명예를 사랑하는 사람은 명예욕에 눈이 멀어서 자멸한다.

일을 사랑하면 돈과 명예는 저절로 따라온다. 일종의 그림자 같은 것이다. 처음에는 일과 돈과 명예가 따로 논다. 하지만 어느 정도 성공을 거두면 뒤에 달라붙어서, 억지로 떨어뜨리려고 해도 떨어지지 않는다.

나도 예전에는 일, 그 자체를 사랑하지는 못했다. 남들보다 열심히 일했지만 내가 몸부림친다고 해서 결과가 크게 달라지지는 않으리라는 사실을 예감했기 때문이다.

내가 두 번의 쓰라린 실패에도 불구하고 네트워크 마케팅 사업에 다시 도전했던 가장 큰 이유는 '나도 성공할 수 있다!'는 희망이 있었기 때문이다. 네트워크 마케팅은 자본이 부족했던 내가 성공을 꿈꿀 수 있는 유일한 곳이었으니까.

목표가 뚜렷해지면 희망이 생긴다. 희망이 보이면 일 자체를 사랑하게 된다. 내가 애터미에서 네트워크 마케팅 사업을 시작한 후 수입이 없어서 힘들었던 2년 동안에도 일만큼은 사랑했다. 내가 일을 사랑하면 사랑할수록 성공 가능성 또한 높아진다는 사실을 믿었다.

나는 힘들 때마다 이렇게 스스로를 다독이곤 했다.

"아무도 성공한 사람이 없다면 나 역시 성공하지 못할 수도 있겠지. 그런데 이미 성공한 사람이 있잖아? 그렇다면 나도 반드시 성공할 수 있어!"

성공에 대한 믿음, 미래에 대한 낙관은 내가 하는 일 자체를 즐길 수 있게 만들어주는 원동력이다.

미국의 시인 마야 앤젤루는 "성공이란 당신 자신, 당신이 하는 일, 그 일을 하는 방식을 좋아하는 것이다"라고 말했다. 나는 나를 사랑하고, 내가 하는 네트워크 마케팅 사업을 사랑하고, 서울위드조아센터에서 동료들과 함께 일하는 순간들을 사랑한다.

네트워크 마케팅 분야에서 성공을 거두면 대다수가 일선에서 물러나 인생을 즐긴다. 세계 여행을 다니거나 골프를 치거나 휴양지에서 느긋한 시간을 보낸다. 그러나 나는 최정상에 선다고 해도 은퇴해서 삶을 여유롭게 즐길 계획은 없다. 오래도록 일선에서 일할 생각이다. 내가 하는 일을 사랑하기 때문이다.

언제부터인가 다른 사람의 성공을 돕는 것이 내 운명이라는 생각
이 들었다. 내가 기존에 알고 있던 사람이든 사업을 하다가 만난 사람
이든 간에 그들이 성공해가는 과정을 옆에서 지켜보는 것이 즐겁다.

Chapter 2
성공을 위한 준비

아무 하는 일 없이
시간을 허비하지 않겠다고 맹세하라.
우리가 항상 무언가를 한다면
놀라울 만큼 많은 일을 할 수 있다.

_ 토머스 제퍼슨

대운이 찾아오고 있음을 믿어라

뚜렷한 목표를 세우고 나서도 성공을 여전히 의심하는 사람들이 있다.

"계획대로만 된다면 더할 나위 없이 좋겠지만 설마 되겠어? 일단 시작은 해보지만 큰 기대는 하지 말자. 기대가 크면 실망도 큰 법이니까."

목표에 대한 확신이 없으면 실패한다. 전력을 다해도 쉽지 않은데, 미리 달아날 구멍까지 봐놓았으니, 고난이 닥치면 이내 포기해 버린다.

목표가 확실하다면 배수진을 치는 것도 하나의 방법이다. 더 이상 물러날 곳이 없으면 전력을 다해서 싸운다. 나 역시 그랬다. 애터미를 처음 접했을 때 나는 지금의 파트너와 함께 건강식품 대리점을 하고 있었다. 사업 설명회를 듣고 나자, 이번에는 반드시 성공할 수 있다는 확신이 생겼다. 나는 그날부로 건강식품 대리점을 접고, 네트워크 마케팅 사업을 시작했다. 마음이 바뀔까 봐 아예 간판도 애터미센터로 내걸었다.

네트워크 마케팅에서 성공에 대한 확신은 시스템과 비전에서 온다. 두 가지가 충족되었음에도 확신이 부족하다면 나의 능력을 믿지 못하는 셈이다. 즉, 자신감이 부족하다.

성공한 사람들은 자신감이 넘친다. 성공해서 매사가 순조롭게 풀려서이기도 하지만 자신감이 있었기에 성공할 수 있었다는 사실을 잘 알고 있는 것이다.

나는 이미 두 번의 네트워크 마케팅 사업을 실패했고, 두 번의 사업마저 실패했다. 그럼에도 불구하고 애터미를 접했을 때, 성공에 대한 확신이 있었다. 내 인생에서 비로소 대운이 찾아오고 있음을 믿었다.

사주에는 소운과 대운이 있다. 소운은 5년마다 한 번씩 찾아오는 운세이고, 대운은 10년에 한 번씩 찾아오는 운세다. 좋은 운세를 타고난 사람이라고 해서 항상 좋은 것은 아니고, 반대로 나쁜 운세를 타고났다고 해서 항상 나쁜 것도 아니다. 달도 차면 기울고, 기울었던 달도 때가 되면 다시 차오르듯이 인간의 운세도 마찬가지다. 행복과 불행이 회전하며 돌아가듯 행운과 불운도 번갈아 찾아온다.

사업에 실패했다고 해서 낙담하거나 좌절할 이유는 없다. 인생사 새옹지마라고 하지 않는가. 실패와 함께 불운이 지나갔다면 행운이 찾아올 차례다.

물론 연이어 불행이 찾아오기도 한다. 사람의 일이라는 것도 실타래처럼 엉켜버리면 좀처럼 풀리지 않으니 말이다. 나 역시 여러 번의 실패를 경험했다. 삶이 너무도 힘들 때는 틈틈이 성경을 읽으며 하나님에게 매달렸다. 나도 성공할 수 있도록 도와달라고 간청했다.

성경에는 믿음에 대한 많은 이야기가 나온다. 마태복음 9장 29절과 30절은 예수님이 쫓아온 두 맹인의 눈을 뜨게 해주는 내용이 실려 있다.

'이에 예수께서 그들의 눈을 만지며 이르시되 너의 믿음대로 되라 하시니, 그들의 눈이 밝아진지라….'

마태복음 15장 28절에도 흉악한 귀신이 들린 딸을 둔 가나안 여인이 예수님에 대한 믿음으로 딸의 병을 낫게 하는 광경이 나온다.

'이에 예수께서 대답하여 이르시되, 여자여 네 믿음이 크도다. 네 소원대로 되리라 하시니, 그때로부터 그의 딸이 나으니라.'

하나님에 대한 믿음만 있으면 맹인도 눈을 뜨고, 가족의 병도 낫게 할 수 있다. 성경을 읽다 보니 '내가 성공하지 못한 이유는 믿음이 부족해서가 아닐까?'라는 생각이 들었다.

나는 그 뒤로 성공할 수 있다는 믿음을 더욱더 확고하게 갖추었다. 그래서 어렵게 사업에 끌어들였던 사람이 중도에 그만두었을 때도, 생각과는 달리 사업이 척척 진행되지 않았을 때도 실망하지 않았다. 결과를 이미 알고 있었기 때문이다.

성공은 믿음 위에서 싹을 틔우고, 꽃을 피운다.

나의 성공을 확고하게 믿으면 해야 할 일과 하지 말아야 할 일들이 한눈에 들어온다. 어떤 일이 중요하고, 어떤 일은 불필요한지를 깨닫는다. 오늘부터 당장 실행해야 할 일들이 무엇인지를 알게 된다.

비록 시작하는 단계에 불과하더라도, 뚜렷한 목표를 세웠다면 대운이 찾아오고 있음을 믿어라. 믿음만 확고하다면 그동안의 삶이 어떠했는지는 크게 중요하지 않다.

성공에 대한 확고한 믿음을 갖고서 시작하라! 나머지는 시간이 알아서 당신을 성공의 성으로 안내할 것이다.

팔자를 바꿀 준비를 하라

'여편네 팔자는 뒤웅박 팔자'라는 속담이 있다. 뒤웅박은 '박 꼭지 부근에 구멍을 뚫고, 속을 파내어서 씨앗을 갈무리해두는 용기'로 처마나 마루, 벽 등에 끈으로 묶어서 매달아 둔다. 즉, 이 속담은 여자 운명은 남자에게 매인 것이나 다름없다는 비유로 사용되곤 한다.

속담은 우리 삶을 한마디로 적절하게 비유하고 있지만 시대착오적인 것도 많다. 세월이 흐르면서 자연스럽게 사용하는 물건도 바뀌었다. 우리가 속담으로 자주 인용하고는 있지만 '뒤웅박'이 뭔지조차 모르는 사람이 대다수다.

바뀐 것이 비단 물건뿐이겠는가. 삶의 방식 또한 많이 바뀌었다. 남녀가 평등한 세상이 된 지 오래임에도 불구하고, 여전히 여자를 남자의 물건이나 종으로 비하하는 속담이 버젓이 사용되고 있다.

'암탉이 울면 집안이 망한다.'

'여자와 북어는 사흘 걸러 때려야 한다.'

'장작과 계집은 쑤석거리면 탈 난다.'

남존여비 사상에 젖어서 이런 속담들을 인용하며 어깨를 으쓱거리는 남자들을 보면 도대체 무슨 생각을 하며 사는지 그 머릿속이 궁금해진다.

팔자란 타고난 것이 아니라 나의 의지에 의해서 바뀌는 것이다. 내 삶을 바꾸겠다는 의지만 있다면 누구든지 바꿀 수 있다. 나 역시 팔자를 바꾸기 위해서 부단히 노력했다. 그때는 성공의 길 위에 서지도 못했고, 팔자를 바꾸는 방법조차 몰랐지만 이제는 안다. 그래서 센터를 찾아온 분들에게 나는 종종 팔자를 바꿔주겠다고 말한다. 결코 빈말은 아니다. 그들의 결의가 단단하다면 팔자를 바꾸기란 어렵지 않다. 한번 가봤던 길인데 다시 못 찾을 이유가 없지 않겠는가.

목표가 없으면 어디로 가야 할지 모른다. 좋은 길로 안내해줘도 따라오지 않는다. 그저 하루하루를 닥치는 대로 살아갈 뿐이다. 팔자를 바꾸려면 목표를 세워야 하고, 목표가 생겼다면 내 삶을 주도적으로 이끌며 살아가겠다는 의지 내지는 결의가 필요하다.

사람은 하루아침에 바뀌지 않는다. 저마다 살아온 날들이 있기 때문이다. 패배 의식에 젖어서 살아왔거나 안일하게 살아왔던 사람일수록 팔자를 바꿀 마음의 준비가 필요하다.

최소한 세 가지는 준비하고 있어야 한다.

첫째, 닫힌 마음을 열어라.

성공하려면 내 마음부터 활짝 열어야 한다. 그래야 다른 사람들을 품을 수 있다. 꽃도 벌과 나비를 끌어들이려면 꽃잎을 열어야 한다. 패배 의식, 피해 의식에 젖어서 마음을 꼭 닫고 있으면 좋은 사람들이 모일 리 없다. 마음을 열고 자신의 말과 행동을 돌아보라. 누가 좋은 말을 해주면 감사히 받아들이고, 잘못된 부분을 지적해주면 겸허하게 받아들여라.

둘째, 고난을 이겨내겠다는 각오를 해라.

마음의 준비가 없으면 고난이 닥쳤을 때 당황해서 더 나쁜 상황을 만들거나 아예 겁을 집어먹고 포기하게 된다. 어떤 고난이 닥치더라도 이겨내서 반드시 성공하겠다는 각오를 다져야 한다.

셋째, 소모적인 감정을 멀리해라.

시기심이나 경쟁심은 성공에 불필요한 감정이다. 이런 감정에 눈이 멀면 사람들과의 거리가 멀어진다. 결국 넝쿨째 굴러온 호박을 발로 차는 결과를 낳게 된다.

성공한 사람의 말투를 사용하라

사람은 말로 대화하며 서로의 생각을 나눈다. 말은 인간과 인간을 이어주는 중요한 수단이다. 말 한 마디가 수많은 친구를 만들기도 하고, 수많은 적을 만들기도 한다.

'말 한마디로 천 냥 빚을 갚는다', '말 한마디에 천금이 오르내린다' 같은 속담은 말의 중요성을 상기시킨다.

살아오면서 내가 가장 공감했던 속담 중 하나는 '말이 씨가 된다'는 것이다. 나도 모르게 내뱉은 말이 현실이 되는 것을 보면서 말을 더 조심해야겠다는 생각을 하곤 했다.

말에는 소통의 기능 말고도 예언자적인 기능도 있다. 사람들이 툭툭 내뱉는 말 속에는 그 사람의 미래가 묻어 있다.

'인생 더럽게 안 풀리네.'

'이런 상황이 열흘만 계속되면 분명 망할 거야.'

'나 같은 게 무슨 놈의 성공이야, 안 굶고 사는 것도 다행이지.'

이런 말들을 무심코 내뱉다 보면 결국 실패의 늪에 빠져서 허우적 거리다가 처참한 실패를 맛보게 된다.

성공하는 사람들의 말 속에는 성공에 대한 의지와 예언이 담겨 있다. 성공하고 싶다면 말투부터 바꿔야 한다.

첫 만남에서의 느낌을 말하더라도 어떻게 표현하느냐에 따라서 상대방의 기분이 백팔십도 달라진다.

"나도 참 복도 없지, 수많은 사람 중에서 당신 같은 사람을 만나다니!"

설령 스스로 이렇게 생각하더라도 남에게 이런 소리를 들으면 기분 좋을 사람이 어디 있겠는가. 열에 아홉은 차마 면전에다 대고 말은 못하더라도, 속으로는 '너만 그런 게 아니라 나도 그래, 이 인간아!' 하고 외치리라.

"제가 복이 참 많은 것 같아요. 당신처럼 좋은 분을 만나다니."

이런 말을 들으면 앞으로는 모든 일이 술술 풀릴 것 같아서, 괜히 기분이 좋아지는 것이 인간의 마음이다.

말 속에는 자신과의 약속도 담겨 있다. 좋은 의도이건 나쁜 의도이건 간에, 일단 말을 내뱉고 나면 본능적으로 그 약속을 지키려고 한다.

우리는 학교와 가정에서 늘 말과 행동이 일치하는 삶을 살아야 한다고 교육받아왔다. 말과 행동이 일치하는 삶을 살면 내적 갈등이 사라져서 마음이 평온해진다. 그렇지 못한 경우에는 내적 갈등을 겪게 되고, 결국 자신이 한 약속을 지키려고 해서는 안 될 행동을 저지르게 된다.

"우리 이혼해!"

"감히 날 무시해? 한 번만 더 그러면 확 죽여버릴 거야!"

단순한 공갈 협박이었더라도 이런 말들을 수시로 내뱉다 보면, 자신이 한 말에 책임을 느껴서, 결국 이혼하고 살인하게 된다.

자신의 미래에 대해서 내뱉는 말도 마찬가지다. "아무래도 실패할 것 같아"라고 말하면 잠재의식이 발동하고, 실패의 길을 찾아서 가게 된다. "지금 상황이 어려운 건 사실이야. 하지만 문제점들을 하나씩 해결해나가고 있으니 조만간 좋아질 거야"라고 말하고 나면, 나와의 약속을 지키기 위해서 현실 속에서 문제점들을 해결해나간다.

성공한 사람들은 타인을 비난하거나 비판하지 않고, 불평불만을 내뱉지 않는다. 그래봤자 나에게 좋을 것도 없고, 발전성도 없기 때문이다. 비관적인 말 또한 멀리한다. 화살이 되어서 자신에게 돌아올 거라는 사실을 알기 때문이다.

성공하고 싶다면 성공한 사람의 말투를 사용하라. "절대 안 돼!"라고 하지 말고, "찾아보면 방법이 있을 거야"라고 말하라. "난 틀렸어! 진전이 없잖아"라고 하지 말고, "할 수 있어! 단지, 시간이 좀 걸리는 것뿐이야"라고 말하라.

높은 산에 오르기 위해서는 크고 작은 등성이를 거쳐야 한다. 중도에 포기하는 자는 자신의 나약한 의지를 탓하며 왔던 길을 내려가야 한다. 주저앉고 싶을 때마다 스스로를 위로하며 전진하는 자만이 정상에 서는 기쁨을 누릴 수 있다.

인상을 바꿔라

'솥이 검다고 밥도 검을까'라는 속담이 있다. 겉모양만 보고 속까지 판단해서는 안 된다는 의미이다.

교통수단이 발달하지 못했던 과거에는 이사는 물론이고 여행조차 쉽지 않았다. 자신이 태어난 곳에서 평생을 살아가는 사람들이 대다수였다. 그러다 보니 어떤 사람이든 한 번 만나면 싫든 좋든 오랜 세월 동안 봐야만 했다. 겉모습만 보고 쉽게 판단했다가 세월이 흘러 후회하는 일도 많았다.

그러나 요즘에는 교통수단의 발달로 생활 반경이 넓어졌고, 만나는 사람도 많아졌다. 인연을 계속 이어가는 사람보다는 한 번만 보고 말 사람이 훨씬 더 많다.

옷깃만 스쳐도 인연이었던 시절은 지났다. 만남과 헤어짐은 더 이상 특별한 것이 아니라, 어느새 일상이 되었다. 그러다 보니 인간관계에서 첫인상이 무척 중요해졌다. 아무리 밥이 맛있다고 한들 무슨 소용일까. 담긴 용기가 초라하면 아예 거들떠보지도 않는 세상인 것을.

성공하려면 인상부터 바꿔야 한다. 생김새야 타고난 것이니 어찌할 수 없다고 하더라도 인상은 노력 여하에 따라서 충분히 바꿀 수 있다.

나는 실패로 점철된 길을 걸어왔다. 네트워크 마케팅 사업을 연이어 실패하고 나서 화장품 대리점을 했다. 화장품이 아니라 내 양심을 파는 것만 같아서 접어버리고 건강식품 대리점을 열었다. 하지만 그것 또한 실패로 끝났다. 그러다 우연히 애터미 사업 설명회에 참석했는데, 비로소 성공에 대한 확신이 들었다. 다시금 목표를 정하고, 결의를 다졌다. 일단 명단을 작성한 뒤 지인들을 찾아다녔다. 그러나 새로운 목표가 생겼음에도 나는 여전히 과거에 발목이 잡혀 있었다. 함께 사업을 해보자는 내 설득에 승낙하는 사람은 극소수였고, 거절하는 사람은 다수였다.

그러던 어느 날, 엘리베이터 안에서 내 얼굴을 보았다. 나는 원래 낙천적이고 장난을 좋아해서 항상 웃는 상이었다. 그런데 실패를 거듭하는 사이에 표정이 몰라볼 정도로 어두워져 있었다. 찡그린 표정에 침울한 눈빛. 당장이라도 한강에 뛰어들 것만 같았다.

'휴우. 인상을 펴지 않는다면 나라도 이런 사람과는 절대 동업하지 않겠다.'

절로 한숨이 나왔다. 사람들을 만나는 것도 중요하지만 일단 인상부터 보기 좋게 바꿔야겠다는 생각이 들었다.

나는 애터미 홈페이지에 접속해서 화장품을 구매했다. 화장품 영업을 할 때 사둔 고가의 화장품이 남아 있었지만 이번 기회에 애터미

화장품을 써보고 싶었다. 처음에는 가격이 저렴해서 제품 성능에 의심이 들었다. 그런데 막상 써보니 오히려 내가 써왔던 고가의 화장품보다 좋았다.

피부 관리를 하는 한편, 패배 의식에 젖은 정신도 관리를 시작했다. 잠들기 전에는 성공한 나의 모습을 상상했고, 거울을 볼 때마다 억지로라도 환한 미소를 지었다.

그렇게 한 달쯤 지나고 나니 인상이 완전히 바뀌어 있었다. 거절당하는 횟수도 점점 줄었고, 일도 한층 재미있었다.

나는 요즘도 사람들을 만나면 인상을 유심히 살핀다. 그러면 어렴풋이나마 그 사람의 살아온 날들과 현재, 미래에 대한 생각들을 엿볼 수 있다. 대체적으로 밝은 인상을 가진 사람들은 매사에 긍정적이다. 마음도 열려 있어서 어떤 이야기든지 진지하게 귀를 기울인다. 그에

비해 어두운 인상을 가진 사람들은 매사에 부정적이다. 말은 많이 하지 않지만 의심이 많다. 그저 도와주고 싶어서 도움을 주려 해도, 그 도움마저도 검은 안경을 쓰고 바라본다.

성공하려면 인상부터 바꿔야 한다. 밝은 인상이 나를 밝은 미래로 안내한다.

반짝이는 눈빛을 지니고 있는가

'눈은 마음의 거울'이라는 속담이 있다.

눈을 보면 그 사람의 내면세계를 어느 정도는 엿볼 수 있다. 함께 사업을 하려는 상대방의 눈 초점이 흐리멍덩하면 왠지 불안하다. 성공에 대한 신뢰가 생기지 않는다. 반면에 등잔을 켠 듯 환한 눈을 가지고 있으면 왠지 모든 일이 술술 풀릴 것만 같은 예감이 든다.

눈빛은 마음속 결의가 바깥으로 드러난 결과라 할 수 있다. 그래서 무언가를 해보려고 결심한 사람은 두 눈에서 반짝반짝 빛이 난다.

예전에 우연히 사채업자를 만나 대화를 나눈 적이 있다. 돈을 빌리러 오면 무엇을 보느냐고 묻자, 눈을 제일 먼저 본다고 했다. 비록 위기에 처해 있어도 눈이 반짝거리는 사람은 위기를 타개할 가능성이 높고, 설령 실패하더라도 반드시 재기한다는 것이다. 반면 눈빛이 탁하고 눈동자가 불안스레 흔들리는 사람은 사업이 벼랑 끝에 몰려 있거나 도박에 중독되어 있거나 알코올에 의존하고 있을 가능성이 높다고 했다. 밑 빠진 독에 물 붓기인 데다 자칫하면 극단적인 선택을 할 가능성도 있어서, 담보물 이상은 절대로 빌려주지 않는단다.

성공하고 싶다면 눈빛부터 바꿔야 한다.

새로운 장난감을 발견하면 아이들의 눈은 호기심으로 반짝거린다. 한창 빠져 있을 때는 옆에서 아무리 불러도 듣지 못할 정도로 집중력을 발휘한다.

동물들의 결투는 눈싸움에서부터 시작된다. 강렬한 눈빛으로 서로를 잡아먹을 듯이 노려보다가, 승리할 가능성이 낮다고 판단한 어느 한쪽이 싸워보지도 않고 눈을 내리깔거나 뒷걸음질한다.

눈싸움으로 승부가 나지 않을 때는 달라붙어서 치열한 전투를 벌인다. 싸움에서 승리한 쪽은 눈동자가 한층 더 반짝이지만, 패배한 쪽은 빛을 잃는다.

인간도 눈싸움을 한다. 어떤 종목이든 스포츠 경기에 임하는 선수들의 눈은 반짝거린다. 반드시 이기겠다는 의지가 담겨 있다. 특히 격투기 선수들의 눈빛은 반짝이다 못해 살기가 번뜩인다. 그래서 선수들의 눈빛을 유심히 살펴보자면 어느 쪽이 승리할지 어느 정도는 점칠 수 있다. 자신감 넘치는 선수의 눈빛이 더 반짝이기 때문이다.

조직에서도 유독 반짝이는 눈을 지닌 사람이 있다. 똑같은 일을 시켜도 이런 눈을 지닌 사람은 일사천리로 해낸다. 남다른 열정이 있어서 맡은 일은 물론이고, 다른 사람들이 기피하는 일도 척척 해낸다. 반면 상사나 동료와 대화할 때 눈을 정면으로 마주하지 못하는 사람도 있다. 들키고 싶지 않은 비밀이 있거나 매사에 자신감이 부족하기 때문이다.

인간은 절망 속에서 희망을 발견했을 때도 눈빛이 반짝인다. 산에서 길을 잃고 헤매다 불빛을 발견하면 암울했던 눈빛이 불 밝힌 등잔처럼 환해진다.

눈은 단지 세상을 보기만 하는 것은 아니다. 그 속에는 성공할 수 있다는 자신감, 해낼 수 있다는 의지, 반드시 해내겠다는 다짐, 희망 등이 함께 담겨 있다.

그렇다면 지금 나의 눈빛은 어떠한가? 거울 앞에서 나의 눈동자를 관찰해보라. 만약 흐리멍덩한 눈빛을 지니고 있다면 성공할 준비가 채 되지 않은 것이다. 성공에 대한 확신이나 해내겠다는 의지가 부족한 것이다. 불꽃처럼 활활 타오르지는 않더라도 반짝거리는 눈빛은 지녀야 한다.

나도 사업을 시작할 때 거울 앞에서 종종 이렇게 묻곤 했다.

"내가 성공하지 못할 이유를 대봐."

그러면 거울은 이런저런 이유를 늘어놓았다. 그러나 단 하나도 수긍할 수 없는 이유들이었다. 결국 지친 거울은 이렇게 반문하곤 했다.

"그럼 네가 성공할 수밖에 없는 이유를 대봐!"

그럼 나는 기다렸다는 듯이 눈을 반짝거리며 이렇게 대답했다.

"나, 조귀환이야!"

근심이나 걱정은 일단 묻어둬라

"무슨 생각을 그리 골똘히 하세요?"

네트워크 마케팅 사업을 시작한 지 얼마 안된 사람이 센터에서 멍하니 앉아 있는 광경을 가끔 보곤 한다. 일단 목표를 정하고 사업에 발을 디뎠지만 이런저런 근심 걱정에 사로잡혀 있는 것이다.

이 세상에 걱정 없는 사람이 있을까. 인간은 누구나 크고 작은 근심 걱정을 안고 살아간다. 잠깐 걱정하다가 마는 것은 크게 문제 되지 않는다. 아예 사서 걱정하는 사람들, 깊이 몰입해서 걱정하는 사람들이 문제다. 태풍의 눈 속에 들어가 있으면 고요하듯, 걱정하고 있으면 해결책을 모색하고 있는 것만 같아서 다소나마 마음의 위안을 얻을 수 있다.

문제는 근심 걱정이 아까운 시간을 허비하게 하는 데다 업무 효율을 떨어뜨리고, 조직의 결집력을 약화시킨다는 데 있다. '십 년 가환에 잘사는 이 없고 십 년 태평에 못사는 이 없다'는 속담이 있다. 집안에 근심 걱정이 잦으면 살림살이가 나아질 수 없고, 집안에 근심 걱정이 없으면 살림살이가 절로 좋아짐을 비유할 때 쓰는 말이다. 일해야 할 시간에 근심 걱정을 하고 앉아 있으면 어느 세월에 성공하겠는가?

나 역시 애터미에서 네트워크 마케팅을 시작할 때 근심 걱정이 많았다. 연이은 사업 실패로 자신감이 땅에 떨어진 것은 물론이고 사람들에게 신뢰마저 잃었다. 다른 사람은 차치하더라도 내가 가장 사랑하는 딸도 내 말은 콩으로 메주를 쑨다고 해도 믿지 않겠다고 했을 정도다.

당장 사채 이자를 내야 하는데 돈을 마련할 길이 막막했다. 거기다가 센터 운영에 매월 적잖은 돈이 들어갔다. 앞을 보면 근심이 첩첩산중이요, 뒤를 봐도 걱정이 중중첩첩하였다. 어디에도 빠져나갈 구멍이 없었다. 활짝 웃으며 부지런히 뛰어다녀도 성공하기 만만치 않은데, 찡그린 얼굴로 근심 걱정을 끌어안고 있으니 일이 손에 잡히겠는가.

도저히 이대로는 안되겠다 싶었다. 나는 생각 끝에 내 마음 한쪽 구석진 곳에다 '근심 걱정 공동묘지'를 만들었다. 일하다가 근심 걱정이 떠오르면 일단 그곳에 파묻었다. 재빨리 구덩이를 파서 근심 걱정을 그 속에 넣고, 그 위에 다시 흙을 채워서 평평하게 만들었다. 예를 들면 이런 식이었다.

'저렇게 산불이 꺼지질 않는데, 제대로 사업을 할 수 있을까?'

잠깐 생각해보니 내가 걱정한들 해결할 수 없는 근심 걱정이었다. 나는 곧바로 근심 걱정 공동묘지에 파묻었다.

'가족에게마저 신뢰를 잃었는데 어떻게 회복하지?'

잠깐 생각해보니, 내가 성공하면 저절로 해결될 걱정이었다. 나는 다시 빠른 속도로 삽질을 해서 그곳에다 묻어버렸다.

'이번 달 사무실 월세는 어디서 마련하지?'

달력을 보니 월세를 낼 때까지는 아직 열흘이나 남아 있었다. 일단 다이어리에 메모해놓은 뒤 걱정을 파묻어버렸다. 이틀 전이나 하루 전에 부활하면 그때 가서 대책을 마련해볼 작정이었다.

이런 식으로 떠오르는 근심 걱정을 모조리 파묻었다. 생각을 방해하는 요소가 사라지자 점점 일에만 집중할 수 있게 되었다. 나는 거침없이 성공을 향해서 전진했고, 애터미에서 사업을 시작한 지 두 달 만에 판매사가 되었다.

나는 지금도 크고 작은 근심 걱정을 안고 살아간다. 하지만 이제는 '파묻기 달인'의 경지에 이르러서, 아무리 몸집이 큰 근심 걱정도 순식간에 묻어버린다.

걱정함으로써 걱정을 해결할 수 있다면 얼마나 좋겠는가. 하지만 걱정한다고 해서 걱정이 사라지는 것은 아니다. 가장 현명한 방법은 잊어버리는 것이다. 그것이 정말 중요한 근심이나 걱정거리라면 다시 모습을 드러내게 되어 있다.

태도를 바꿔라

'한 잔 술에 눈물 나고, 반 잔 술에 웃음 난다'는 속담이 있다. 사람을 사귈 때 태도나 방법에 따라, 기분이 나빠지기도 하고 좋아지기도 한다는 의미다.

태도는 몸동작이나 사물이나 상황을 대하는 자세라고 할 수 있다. 태도는 몸짓, 말투, 눈빛, 습관 등을 통해서 표출된다. 따라서 태도를 보면 그 사람의 성격이나 특성, 가치관, 일을 대하는 마음가짐 등을 엿볼 수 있다.

다른 일을 할 때도 마찬가지겠지만 네트워크 마케팅 사업에서는 태도가 무척 중요하다. 내가 올바른 태도로 솔선수범할 때 비로소 사람들이 나를 믿고 따르기 때문이다.

네트워크 마케팅 사업의 장점은 진입 장벽이 낮아서 누구나 도전해 볼 수 있다는 것이다. 자격증이나 특별한 기술이 없어도 되고, 자본도 필요 없다. 성공하겠다는 의지와 끈기만 있으면 된다. 그러다 보니 다양한 사람이 센터에 와서 사업 설명회를 듣고, 교육을 받고, 사업을 시작한다. 그런데 다듬어지지 않은 상태에서 사업을 시작하다 보니 이내 저마다의 단점이 드러난다. 오랜 세월 집에서 빈둥거리던 사람이 사업을 시작하는 경우. 처음에는 열심히 하지만 의욕대로 일이 풀리지 않으면 이내 게으르고 무책임한 태도가 드러난다. 성공할 준비가 되어 있지 않은 상태라 할 수 있다.

고학력자라도 집에서 오랜 세월 살림만 하며 살아왔던 가정주부의 경우, 자신감이 부족하다. 거절에 익숙해져야 하는데, 지인들에게 거절당할 때마다 마음의 상처를 입는다. 거기다가 해보다 안되면 가정주부로 돌아가면 된다는 생각을 갖고 있어서인지 소극적이다.

사회적으로 높은 지위에 있었던 사람의 경우, 은연중 거만한 태도가 몸에 배어 있다. 평소 말투는 겸손하지만 자기주장이 강해서 기꺼이 타협하거나 물러서려 들지 않는다. 자존심 때문에 쉽게 사람들에게 다가가지 못하고, 사업 자체를 다소 가볍게 생각한다.

실패 경험이 많은 사람의 경우, 끈기가 부족하다. 자신의 경험을 자산으로 삼으면 충분히 성공할 것 같은데, 사업이 정체 상태에 놓이면 인내하지 못하고 포기해버린다.

네트워크 마케팅으로 성공하는 사람은 대체적으로 두 종류다.

첫 번째는 리더의 기질을 지닌 사람이다. 대개는 큰 사업체를 운영해봤거나 인생 경험이 풍부한 사람들에게서 찾아볼 수 있다. 경험이 자산이다 보니 안목도 탁월하다. 그들은 사업 설명회만 듣고도 자신의 성공 가능성을 발견한다. 또한 다양한 사람을 접해봐서 인간관계를 어떻게 해야 하는지, 어떤 태도로 사업에 임해야 하는지를 잘 알고 있다.

두 번째는 성장형 기질을 지니고 있는 사람이다. 낙천적이거나 목표가 뚜렷한 사람에게서 쉽게 찾아볼 수 있다. 이들은 배우겠다는 의지가 강해서 한 가지를 가르쳐주면 열 가지를 안다. 매사에 적극적이어서 다른 사람들의 모범이 되고, 조직에 긍정 에너지를 불어넣는다. 또한 성공 목표가 뚜렷해서 시간이 지날수록 대인관계도 점점 잘하는데다, 경쟁하려고 들기보다는 함께 성장해나가려고 한다.

똑같이 일을 시작해도 어떤 태도를 지니고 있느냐에 따라서 성장 속도는 천차만별이다. 내가 바른 태도를 지닐 때 주변 사람들이 내 편이 되어준다. 아무리 인맥이 넓은들 무슨 소용이랴, 내 편이 아니라면.

태도는 그 사람이 어떤 인생을 살아왔으며, 어떤 인생을 살아갈 것인지를 보여준다. 성공하고 싶다면 태도부터 바꿔야 한다. 다른 사람에게 모범이 되고 있는지 수시로 자신을 돌아보는 한편, 누군가 바른 태도를 지니고 있다면 마음을 열고 배워야 한다.

네트워크 마케팅 사업은 배움의 연속이다. 바른 태도를 지녀야만 많은 것을 배울 수 있고, 그 배움을 활용해야 비로소 성공할 수 있다.

거절에 익숙해져라

"거절당한 순간 영업은 시작된다."

미국의 전설적인 보험 왕으로서, 포브스가 선정한 세계 10대 세일즈맨 중 한 명이었던 엘머 레터만이 한 말이자, 그가 저술한 책 제목이기도 하다. 그의 경험에 의하면 고객의 거절은 상품의 장점을 더 알고 싶고, 상세한 설명이 필요하다는 신호라는 것이다. 또한 거절은 장소나 상황에 대한 거절일 수 있으므로, 장소나 상황이 바뀌면 선택도 달라질 수 있다고 한다.

네트워크 마케팅은 일반적인 세일즈와는 다르다. 일반 세일즈가 단순히 물건을 판매한다면 네트워크 마케팅은 '시스템과 비전'을 판다. 일반적인 세일즈맨은 일단 물건을 팔고 나면 끝이지만 네트워크 마케터는 새로운 소비자를 확보해야 하고, 소비자가 판매자가 될 수 있도록 후속 관리를 해야 하며, 판매자가 성공할 수 있도록 계속 이끌어주어야 한다.

일반 세일즈와 네트워크 마케팅의 공통점이 있다면 거절에 익숙해져야 한다는 것이다. 네트워크 마케팅은 시중에서 흔히 얕잡아 볼 때 표현하는 '다단계'와 여러모로 다름에도 불구하고, 같은 것으로 생각하는 사람이 상당수다.

다단계는 사람들을 모집한 뒤, 싼 물건을 비싸게 팔아서 판매 수수료를 챙긴다. 가입비나 보증금 명목으로 돈을 받고, 회원이나 지인 들에게 강제 구매를 유도한다. 그렇게 한번 물건을 판매하고 나면, 반품이나 환불 조치를 해주지 않는다.

네트워크 마케팅은 광고나 유통 과정에서 소모되는 비용을 소비자가 챙기는 '새로운 형태의 소비'라고 할 수 있다. 즉, 현명한 소비자를 확보하고, 함께할 사업자를 찾는 사업이다. 따라서 애터미는 가입비도 없고, 유지비도 없다. 물론 강제 구매도 없을뿐더러, 소비자가 물건을 구매했는데 마음에 들지 않는다면 100% 환불해준다.

네트워크 마케팅 사업의 가장 큰 어려움은 사회에 물의를 일으킨 불법 다단계에 따른 오해 내지는 부정적 이미지다. 지인들에게 권유하면 불법 다단계와 같은 것으로 오인해서 말도 채 꺼내보기 전에 거절당하기 일쑤다. 가랑비에 옷 젖는다고, 의욕을 갖고 사업을 시작했던 사람도 잦은 거절을 당하자면 의욕이 꺾이게 마련이다. 네트워크 마케팅은 꿈을 갖고서 미래를 향해서 조금씩 전진해가는 사업이다. 불법 다단계 판매처럼 단기간에 목돈을 챙길 수 있는 사업이 아니다. 지인들에게 잦은 거절을 당해서 의욕이 꺾인 상태라면 생각을 바꿔라. 애터미의 시스템과 비전에 대한 나의 설명이 충분하지 못했기 때문이니 다음에는 좀 더 잘 설명해보겠다고 다짐하라. 생각을 바꾸면 성공이 보이게 마련이다.

거절을 당할 때마다 마음의 상처를 받아서는 절대로 성공할 수 없다. 처음 사업을 시작할 때 거절을 많이 당해보는 것도 나쁘지 않다. 그래야만 거절당한 이유를 알아낼 수 있고, 그 이유를 보완해서 더 많은 'YES'를 이끌어낼 수 있는 것이다.

믿었던 지인에게 매몰차게 거절당했다고 해서 그 사람과 등을 돌려서는 안 된다. 실망하거나 마음의 상처를 입을 일도 아니다. 애터미의 사업 시스템과 비전을 충분히 전달하지 못했기 때문에 빚어진 일시적인 현상일 뿐이다.

거절한 사람들은 잠재적 소비자요, 사업 파트너이다. 거절당한 상황을 분석해서 다음에 만났을 때 제대로 설명해준다면 마음이 바뀔 수 있다. 나 역시 수많은 사람에게 거절당했지만 지금은 대다수가 나의 지지자 혹은 사업 파트너가 되었다.

인간은 상황이나 장소에 따라서 마음이 수시로 바뀐다. 복잡한 문제로 머릿속이 어지러운데 누군가가 찾아와서 네트워크 마케팅에 대해서 아무리 떠들어봤자 들릴 리 없다. 그럴 때는 한발 물러나서 적절한 때를 기다려야 한다.

오늘의 거절은 단지, 오늘의 거절일 뿐이다. 내일이 되고 모레가 되면 마음이 어떻게 바뀔지 모른다. 이 세상에 가치 있는 것들 중에서 단한 번의 도전으로 성공할 수 있는 것이 얼마나 되겠는가. 무수한 실패, 무수한 거절은 지극히 당연한 것이다.

우선순위를 정하라

"되찾을 수 없는 것이 세월이니, 시시한 일에 시간을 낭비하지 말고 순간순간을 후회 없이 잘 살아야 한다."

스위스의 계몽주의 철학가인 장자크 루소의 명언이다.

예전에 알던 분은 평생 이런저런 사업을 하며 바쁘게 살아왔는데, 은퇴를 앞두고 50개의 버킷 리스트를 만들었다. 은퇴하면 그동안 못 한 것들을 하리라 다짐했는데 그만 췌장암에 걸려서 허무하게 세상을 떠났다. 이루지 못한 50개의 버킷 리스트만 남겨졌다.

인생은 어떻게 될지 아무도 모른다. 꼭 해보고 싶은 일이 있다면 뒤로 미루지 말고, 틈틈이 실천하면서 살아가야 한다.

대다수 사람은 중요한 일은 미뤄두고 시시한 일을 하며 살아간다. 모든 일에는 적절한 시기가 있게 마련이다. 한번 놓쳐버리면 다시 오지 않는 경우가 대부분이다.

삶의 우선순위를 정해야 하는 이유는 우리가 사용할 수 있는 시간이 한정되어 있기 때문이다. 태어난 해와 달과 날과 시간은 알아도 언제 죽음이 찾아올지는 알 수 없다. 얼마만큼 생명이 남았는지 알 수 없음에도 불구하고, 생명의 시간은 모래시계처럼 쉼 없이 흘러내린다.

내가 가장 중요하다고 생각하는 것에 시간을 사용할 필요가 있다. 우선순위는 시간을 쪼개서 바쁘게 살아가는 사람에게는 반드시 필요하다. 만약 한가하고 느긋하게 살아가고 있다면 우선순위를 정하지 않아도 상관없다. 한적한 시골길에는 신호등이 필요 없다. 오히려 자연스러운 흐름을 방해할 뿐이다. 그러나 복잡한 대도시, 특히 교통량이 많은 사거리라면 신호등이 반드시 필요하다. 그래야 접촉 사고를 피할 수 있기 때문이다.

바쁘게 살아가는 사람에게 우선순위가 필요한 이유는 갈등 상황을 지혜롭게 넘기기 위해서다. 복잡한 도로에 신호등이 없으면 차가 엉켜서 꼼짝달싹 못하듯이, 우선순위 없이 살아가다 동시에 여러 일이 터지면 공황 상태에 빠지게 된다. 자칫 판단을 잘못해서 후순위를 선택할 경우 평생을 후회할 수도 있다.

삶의 우선순위는 사람마다 다르다. 일, 가족, 종교, 건강, 취미, 봉사 등등 무엇이 더 중요한가는 그 사람의 살아온 날들과 살아갈 날들에 따라 달라진다.

우선순위를 정했다고 하더라도 영원하지는 않다. 나이에 따라서 관심사도 바뀌듯이, 무엇을 우선순위에 두느냐는 가치관이나 환경이 변하면 자연스럽게 바뀐다. 어떤 때는 종교나 봉사가 우선순위가 되기도 하고, 어떤 때는 건강이 우선순위가 되기도 하고, 어떤 때는 일이 우선순위가 되기도 한다.

사회적으로 성공을 거둔 사람들은 일보다는 가족 혹은 건강, 종교, 취미, 봉사 등을 우선시한다. 그러나 성공이 목표인 사람은 일을 앞 순위에 둘 수밖에 없다. 나 역시도 오랫동안 일을 우선순위에 두었다. 일단 성공해야만 가족의 신뢰도 얻고, 취미 생활도 할 수 있고, 봉사도 할 수 있다는 생각에서였다. 그러나 내가 그랬다고 해서 일을 우선순위에 두라고 권하고 싶지는 않다. 나처럼 일을 우선순위에 두었다가 후회하는 사람도 여럿 보았다. 일에 푹 빠져 있다가 가족과 멀어지거나 갑작스레 건강을 잃고 나서 후회하는 경우도 있었다.

네트워크 마케팅은 소비자가 판매자가 되는 시스템이라서 본업이 아닌 부업으로 하는 사람도 상당수다. 비록 부업일지라도 바쁜 날들을 보내고 있다면 우선순위를 정해야 한다. 네트워크 마케팅으로 승

부를 봐야겠다고 마음먹은 경우라면 더더욱 필요하다.

인간은 행복을 추구하는 존재다. 성공하는 것도 중요하지만 가족 간의 우애나 종교 활동도 그에 못지않게 중요하다. 균형 잡힌 삶을 살아가기 위해서라도 우선순위를 정해둘 필요가 있다. 그래야만 갈등 상황에 놓였을 때 현명하게 처신할 수 있다.

웃음을 사랑하라

"웃는 얼굴이 아니면 가게 문을 열지 마라"

뛰어난 상술로 유명한 중국의 속담이다. 웃음이 나오지 않는 얼굴, 그런 마음 상태로는 장사해봤자 얻는 것보다 잃는 것이 많다는 의미이다.

얼굴에 웃음기가 전혀 없는 사람들이 있다. 근엄한 얼굴을 한 채 팔짱까지 끼고 있으면 어떻게 말을 붙여야 할지 조심스럽다. 분위기를 바꿀 겸 가벼운 농담을 해도 표정이 바뀌지 않는 사람들도 있다. 이런 사람과는 10분만 앉아 있어도 종일 함께한 것처럼 진이 빠진다. 반면 얼굴에 생글생글한 미소를 머금은 사람이 있다. 농담도 잘 받아주고, 리액션도 좋아서 대화하는 재미가 있다. 이런 사람과는 종일 대화를 해도 지치기는커녕 오히려 힘이 솟는다.

웃음은 분위기를 부드럽게 한다. 웃는 사람의 마음도 편하고, 보고 있는 사람의 마음도 편해진다. 인간과 인간 사이를 가로막고 있는 경계가 허물어지면서 친밀감이 든다.

유재석이 국민MC로 사랑받으며 정상에서 오랫동안 인기를 누릴 수 있었던 비결도 웃음에 있다. 기분이 울적할 때, 외로울 때, 쓸쓸할 때, 슬픈 일이 있을 때, 몹시 화가 날 때 등 언제 어디에서 텔레비전을 켜도 항상 웃고 있으니 시청자들이 친밀감을 느끼는 것이다.

유머 감각은 살아가는 데 많은 도움이 된다. 어린아이부터 노인에 이르기까지 유머 감각이 있으면 마치 벌과 나비가 꽃 주변으로 날아들듯, 그 주위로 사람들이 모여든다.

사실 유머라는 것은 여유로울 때 즐길 수 있다. 마음의 여유든 삶의 여유든 간에 여유가 있어야만 웃음도 터져 나온다. 삶이 고단하고 먹고살기 팍팍할 때는 아무리 우스운 이야기를 들어도 웃음이 나오지 않는다.

나 역시 몹시 힘든 시절에는 코미디 프로그램을 봐도 웃음이 나지 않았다. 머릿속이 복잡하다 보니 웃고 떠드는 코미디언들이 마치 딴 세상 사람 같았다. 미소를 짓지 않는 날들이 늘어나면서 표정도 점점 딱딱하게 변해갔다. 하도 근엄해서 어떤 때는 내가 거울을 봐도 무서울 지경이었다. 처음 보는 사람은 물론이고, 나를 알던 사람일지라도 말을 쉽게 붙이기 어려운 표정이었다.

네트워크 마케터로 성공하려면 사람들에게 친근하게 다가갈 수 있어야 하는데, 이래서는 도저히 안되겠다 싶어서 거울을 볼 때마다 억지 미소를 지었다. 이를 드러내고 환하게 웃으며 이렇게 다독였다.

"점점 더 좋아지고 있잖아? 앞으로는 훨씬 더 좋아질 거야."

억지로라도 웃고 나면 몸도 마음도 한결 가벼워졌다. 정말로 웃을 일이 많은 날들이 다가오는 기분이 들었다. 그렇게 몇 개월이 지나자 거울을 보면 진짜 웃음이 터져 나왔다. 지겨웠던 인생이 점점 즐겁게 느껴졌다. 입가에 자연스럽게 미소가 걸렸고, 낯선 사람들을 만나도 먼저 환하게 웃을 수 있었다.

타고난 유머 감각이 있다면 주변 사람들에게 웃음을 선물하라. 살아가는 즐거움과 함께 더 많은 기회를 잡을 수 있다.

만약에 삶은 힘든데 유머 감각마저 없다면 자주 웃어라. 미소가 지어지지 않으면 억지 미소라도 지어라. 처음에는 몹시 부자연스럽고 어색하더라도 자주 웃다 보면 자연스러워진다.

세상 모든 고뇌를 짊어진 것 같은 표정으로 인생을 살아가면 좋은 일도 생기지 않는다. 심각한 일들만 계속 찾아올 뿐이다.

삶이 버겁게 느껴질지라도 '지금까지는 안 좋았으니까 앞으로 잘될 거야!'라며 무거운 마음을 내려놓을 필요가 있다. 때로는 강물 위에 아른거리는 아침 햇살처럼 가벼운 마음으로 살아갈 필요도 있다.

행복해서 웃고, 일이 잘 풀려서 웃는 것이 아니다. 웃다 보면 행복해지고, 웃다 보면 막혔던 일도 술술 풀린다.

성공하고 싶다면 웃어라!

자주, 환하게 웃을수록 성공 가능성 또한 높아진다.

Chapter 3

성공하는 사람이
갖춰야 할 습관

성공을 갈망할 때만 성공할 수 있고,
실패해도 상관없다고 생각할 때만 실패할 수 있다.

_필리포스

꿈을 적고, 말로 표현하라

"잠도 자야 꿈을 꾸고 꿈을 꿔야 님을 만난다."

북한의 속담이다. 남한의 속담인 '잠을 자야 꿈을 꾸지'와 '꿈을 꾸어야 임을 보지'가 합쳐진 말로, 원인 없이는 결과를 바랄 수 없음을 이른다.

성공하고 싶다면 먼저 꿈을 꿔야 한다. 구체적으로 꿈을 꾸면, 성공하고 싶은 강렬한 욕망이 일어난다. 그 욕망을 잘 관리하면 고난이 닥쳐도 힘든 줄 모르고 계속 전진해서, 마침내 성공을 이루어낸다.

인간은 오만 가지 잡생각을 하며 살아간다. 어느 날 문득 성공하고 싶은 욕구가 일어날 수 있다. 예를 든다면 성공한 친구를 만났다거나 고가의 물건을 갖고 싶다거나 옛 애인을 만났다거나 등등…. 하지만 성공하고 싶은 마음이 간절해도 사흘만 지나면 희미해지고, 일주일만 지나면 흔적도 없이 사라져버린다.

꿈은 추상적인 것이다. 형체를 이루었을 때 붙잡아두지 않으면, 구름처럼 시시각각 변하다가 스르르 흔적을 감춘다. 이것이 많은 이가 꿈을 꾸지만 실제로 꿈을 이룬 사람은 소수에 불과한 이유다.

지인들과 대화하다가 "꿈이 뭐예요?"라고 물어보면 대다수가 과거의 꿈을 말한다.

"예전에는 소설가가 꿈이었어요."

"세계 곳곳을 돌아다니며 아름다운 풍경을 찍는 사진작가가 꿈이었죠."

"성공한 사업가가 되어서 자선사업을 하는 거였죠."

과거형으로 말하는 이유는 꿈을 포기했거나 그 꿈과 너무 멀어져 있기 때문이다. 아무리 노력해도 이제는 이룰 수 없다고 판단해서이다.

꿈을 이루지 못한 데는 여러 이유가 있겠지만 가장 큰 이유는 꿈을 방치한 탓이다. 생각만 했지 계획을 짜고 실천하지 않았기 때문이다.

꿈을 이루고 싶다면 귀찮더라도 가꾸고 돌봐야만 한다. 손으로 꿈을 적어야 하는 이유도 그 때문이다. 이루고 싶은 목표가 있다면 종이에 적어서 자주 볼 수 있는 곳에 붙여두자. 볼 때마다 의지를 다지면 꿈에 한 발씩 다가갈 수 있다.

내 꿈을 가족이나 다른 사람들 앞에서 공표하는 것도 좋은 방법이다. 내가 내뱉은 말은 '나와의 약속'이다. 가족이든 친구든 동료든 간에 그 앞에서 꿈을 말하고 나면 반드시 이루어야겠다는 생각이 든다. 또한 포기하고 싶은 상황이 오더라도, 이미 뱉은 말이기 때문에 다시한 번 생각하게 된다.

2014년 4월, 애터미에서 네트워크 마케팅 사업을 시작할 때 나의 꿈은 앞서 성공한 사람들과 같은 위치에 오르는 것이었다. 나는 꿈을 화장대 앞에 적어놓고 아침저녁으로 들여다보았다. 성공에 대한 확신은 있었다. 그러나 계획처럼 사업이 순조롭게 진행되지는 않았다. 어느 날 종이를 보니 누렇게 색이 바래 있었다. 나는 종이를 떼어내고 새 종이에 문구를 다시 적으면서 흐트러진 마음을 다잡았다.

성공의 길은 나 역시 처음 가다 보니 시행착오도 많이 겪었다. 그러나 어쨌든 처음 목표했던 곳까지는 도달했다. 처음 목표를 이루고 보니 또 다른 목표가 생겼다. 이제 내 목표는 파트너들의 성공을 돕는 '부자 컨설턴트'다.

살아가다 보면 꿈도 바뀌게 마련이다. 강가에서 자란 아이는 강이 가장 큰 줄 안다. 강을 건너가는 상상을 하며 자라다가 바다를 보면 눈이 번쩍 뜨인다. 더 큰 세상이 있다는 것을 알면 목표 또한 자연스럽게 바뀌는 것이다.

성공에 이르는 길은 비슷하다. 목표가 뚜렷한 사람만이 결국 성공한다. 깜깜한 어둠 속에서도, 짙은 안개 속에서도 길을 잃지 않고 전진하는 사람만이 성공을 이룬다.

막연하게 생각하지만 말고, 꿈을 종이에 적어라. 주저하지 말고 성공에 대한 열망을 다른 사람들 앞에서 토해내라. 그것이 성공을 향한 첫걸음이다.

계획을 점검하라

"계획은 즉각적으로 열심히 수행되지 않으면 그저 좋은 의도에 지나지 않는다."

오스트리아 출신의 작가이자 경영 컨설턴트인 피터 드러커의 명언이다. 뚜렷한 목표를 가졌다면 그것을 이루기 위한 계획을 세워야 한다. 그 계획은 즉각 실천할 수 있는 것이어야만 한다.

목표를 한번에 이룰 수 있다면 좋겠지만 대부분의 목표는 달성하는 데 오랜 시간이 걸린다. 그래서 계획은 장기, 중기, 단기로 나누어 세워야 한다.

장기 계획은 나의 최종 목표다. 예를 들어서 애터미에서 성공해서, 24개월 안에 최고의 직급에 오르는 것이 장기 계획이라고 해보자. 그렇다면 중기 계획은 세일즈 마스터(판매사), 다이아몬드 마스터(팀장), 샤론로즈 마스터(국장), 스타 마스터(본부장), 로열 마스터(총본부장),

크라운 마스터(단장), 임페리얼 마스터(사단장)에 오르는 데까지 가는 기간이다. 단기 계획은 세일즈 마스터가 되기까지의 기간이다. 단기 계획까지 구체화되었다면 지금부터는 계획을 달성하기 위한 실행 전략을 세워야 한다. 쉬운 예로 명단 작성 및 초대, 사업 설명과 후속 관리, 복제 등이다. 이때 실행 전략은 구체적일수록 실행에 옮기기 쉽다.

그런데 세상일이라는 것이 열심히 한다고 꼭 계획대로 흘러가지는 않는다. 단기 목표를 달성한 후 바로 이어 중기 목표를 향해 달려다가 보면 정체기가 올 수 있다. 나 역시 세일즈 마스터라는 계획을 이루고도 스타 마스터가 되기까지 예상보다 오랜 기간이 걸렸다. 파트너보다 훨씬 오래 걸렸지만 초조해하지는 않았다. 네트워크 마케팅 사업은 빠른 성공보다는 인맥 관리를 잘해서, 기본을 탄탄하게 다지는 중간 과정이 중요하다고 생각했기 때문이다.

목표가 너무 멀리 있으면 방심하게 된다. 그렇다고 목표를 지나치게 빡빡하게 잡으면 빨리 지치게 된다.

중간 목표가 계획대로 되지 않았더라도 실망하지 마라. 자기 자신에게 엄격한 것은 좋지만 '실패'로 단정하거나 자신을 '패배자'로 규정할 필요는 없다. 중간 목표란 최종 목표에 이르기 위해서 반드시 거쳐야 할 길임과 동시에 큰 그릇이 되기 위해서 나를 단련하는 시간이기 때문이다.

계획대로 되지 않았으면 현실적으로 수정하면 된다. 빠르게 성공하는 것도 좋지만 좀 더 시간이 걸리더라도 확실하게 성공하는 것이 바람직하다. 그러나 중간 목표를 방치하면 최종 목표를 이룰 수 없다. 현실적인 목표만이 나를 계속 달리게 한다.

　나는 성공을 향한 욕구가 사라지는 것을 막기 위해서, 중기 목표를 현실적으로 수정하곤 했다. 수정했는데도 불구하고 달성하지 못하면 다시 수정했다.

　사실, 처음 목표를 세웠을 때는 최고 직급이라는 것도 현실감 없고 불가능한 것처럼 느껴졌다. 그런데 중기 목표를 달성해서 하나씩 직급이 오르다 보니, '어! 나도 가능하겠는데'라는 생각과 함께 자신감이 생기곤 했다.

　나는 수시로 중기 목표를 변경했고, 그때마다 성공에 대한 결의를 새롭게 다졌다. 반드시 성공해서, 운명에 끌려다니는 삶이 아닌 주도적인 삶을 살겠노라고 결심했다. 나의 사랑하는 가족은 물론이고, 그동안 내가 신세를 졌던 사람들, 마음이 끌리는 사람들, 나를 믿고 따르는 파트너들을 성공의 길로 안내하겠노라고 다짐했다.

번거롭더라도 수시로 계획을 점검하고 목표를 수정해야만 최종 목표를 이룰 수 있다. 그래야만 어둠 속에서도 길을 잃지 않고 꿈을 이룰 수 있다.

네트워크 마케팅 사업은 직급이 하나씩 올라가는 재미가 쏠쏠하다. 봄에 열매가 맺은 뒤 서서히 익어가는 과일처럼, 직급이 올라갈 때마다 성공에 대한 꿈도 무르익어간다.

계획을 점검하면서 왔던 길을 돌아보고, 가야 할 곳을 바라보라. 스스로 포기하지만 않는다면 당신도 반드시 성공할 수 있다.

새벽 시간을 활용하라

'일년지계는 봄에 있고, 일일지계는 아침에 있다.'

이는 1년을 잘 보내기 위한 계획은 봄에 하고, 하루를 잘 보내기 위한 계획은 아침에 하라는 의미의 속담이다.

봄에는 씨앗을 뿌린다. 어떤 씨앗을 뿌리느냐에 따라서 한 해 농사가 결정된다. 봄에 계획을 잘 짜야 풍성한 수확으로 따뜻한 겨울을 날수 있다.

무슨 일이든 시작이 중요하다. 하루를 잘 보내려면 새벽 시간을 활용해야 한다. 미인 중에는 잠꾸러기가 많다고 하지만 성공한 사람치고 잠꾸러기는 없다.

성공하는 사람들은 새벽 시간을 이용한다. 새벽 시간이 소중한 이유는 하루 중 머리가 가장 맑고 투명하기 때문이다.

잠자는 동안 뇌는 효율성을 높이기 위해서 자정 작용을 한다. 신경

독성 물질을 제거하는 한편, 어지러운 생각들을 정리한다. 심각한 고민이 아닌 것들은 지워버리고, 꼭 기억해둬야 할 것들만 장기기억장치로 이동시킨다. 고민이 많거나 머릿속이 복잡할 때 한숨 자고 나면 한결 개운해지는 이유도 이 때문이다.

새벽에는 전화가 걸려오지도 않고, 다른 사람의 방문을 받을 일도 없다. 내가 계획했던 대로 시간을 온전히 사용할 수 있다. 또한 잡다한 생각이 정리되어 있기에 집중력도 높다. 공부하거나 책을 읽기에 가장 좋은 상태라고 할 수 있다.

나는 자정이 넘어서 잠이 들어도 항상 새벽 5시면 눈을 뜬다. 새벽에 일어나서 책을 읽는 것이 나의 오랜 습관이다.

한 인간이 할 수 있는 생각에는 한계가 있다. 그런데 책 속에는 다양한 사람의 사상과 생각이 녹아들어 있다. 책을 읽으면서 '아, 이렇게도 생각할 수 있구나' 하고 감탄했던 때가 한두 번이 아니다.

경험 또한 마찬가지다. 내가 아무리 다양한 경험을 했다고는 해도 겪어보지 못한 일들은 수천 배나 더 많다. 책을 읽다 보면 '세상에는 이런 일도 있구나' 하고 놀라는 것도 그런 이유에서다.

나는 네트워크 마케팅 사업을 하고 나서부터는 유튜브에서 성공한 사람들의 강연을 찾아보곤 했다. 애터미 회장님이나 애터미에서 성공한 분들의 동영상은 물론이고 전혀 다른 분야에서 성공한 사람들의 동영상도 찾아보았다.

분야는 달라도 성공한 사람에게는 배울 점이 있다. 알리바바를 창립한 마윈 회장의 동영상은 성공에 대한 욕구를 자극한다. 삼수 끝에 대학에 입학하고 30여 회사에 취업 원서를 냈지만 퇴짜를 당한 마윈은 지금 누구보다도 멋지게 성공했다.

"당신의 가족이 얼마나 가난하든 상관하지 마라. 당신의 잠재력을 믿어 의심치 말고 야망을 버리지 마라. 당신의 가족이 당신을 쓸모없다고 여겨도 아무도 당신을 동정해주지 않는다. 당신의 부모가 당신 병원비를 못 대줘도 아무도 당신을 불쌍하게 생각하지 않는다. 당신이 경쟁자에게 무참하게 깨져도 아무도 가엾게 여기지 않는다. 당신이 연인에게 버림받아도 마찬가지다."

새벽 시간, 그의 동영상을 보면서 얼마나 성공에 대한 의지를 다졌던가!

'나의 가족은 가난했고, 아무도 내가 성공하리라 생각하지 않았다. 하지만 나는 반드시 해낼 것이다!'

이렇게 의지를 다지고서 하루를 시작하면 모든 일이 술술 풀렸다. 불쾌한 일이 생기거나 난관에 부딪쳐도 웃으면서 넘길 수 있었다.

부지런한 새가 벌레를 잡는다고 하지 않는가. 성공하고 싶다면, 원하는 삶을 살아가고 싶다면 새벽 시간을 활용하라. 하루에 2시간씩 꼭 하고 싶은 일에 투자한다면 세상에서 이루지 못할 일이 없다.

솔선수범하라

'부모가 효자가 되어야 자식이 효자 된다'는 속담이 있다.

아이들은 부모의 뒷모습을 보며 자란다. 효도하라고 말로 백번 하는 것보다 부모가 직접 효도하는 모습을 보여주는 것이 효과적이다.

성공하고 싶다면 솔선수범할 필요가 있다. 남들보다 앞서서 행동하며 다른 사람의 본보기가 되어야만 신뢰를 얻을 수 있다.

친구들과 숙소를 빌려 며칠 여행을 함께해보면 그들의 평소 습성을 잘 알 수 있다. 봉사가 몸에 배어 있거나 부지런한 친구는 자신이 맡은 일은 물론이고, 다른 친구들의 일까지 돕는다. 반면 게으른 친구는 자신이 맡은 일조차 제대로 하지 않는다.

솔선수범하는 자세는 성공하려는 사람에게는 무척 중요하다. 말로만 일하는 사람, 쉬운 일만 찾아서 하는 사람, 책임져야 할 일이나 궂은일에서는 슬쩍 몸을 빼는 사람이라면 어떻게 신뢰할 수 있겠는가.

전쟁터에서도 일반 병사보다는 장교가 앞장서서 돌진한다. 그래야 병사들이 죽음을 무릅쓰고 돌진한다.

솔선수범하는 자세는 네트워크 마케팅 사업에서도 중요하다. 평소 모든 일에 앞장서던 사람이 찾아와서 사업 설명을 하면 흥미를 갖고 경청한다. 믿을 만한 사람이기 때문이다. 그런데 평소 게으르거나 무책임하다고 낙인 찍힌 사람이 찾아와서 사업 설명을 하면 귀 기울여 듣지 않는다. 아무리 훌륭한 시스템과 탁월한 비전에 대해서 열변을 토해도 쇠귀에 경 읽기다. 심성이 착한 이라면 듣는 척이야 하겠지만 속으로는 이렇게 생각할 것이 자명하다.

'너 같은 인간이 하는 사업이 빤하지! 한다는 게 고작 불법 피라미드냐? 더 이상 듣고 자시고 할 것도 없어!'

만약 열심히 뛰어다니며 지인들을 사업에 초대했는데 응하는 사람이 없다면 평소 자신의 행실을 돌아봐야 한다. 이는 평소에 믿음을 주지 못했기에 빚어진 현상이니까.

나도 네트워크 마케팅 사업을 시작했던 초기에는 솔선수범에 대한 개념이 없었다. 하고 싶은 대로 말하고, 하고 싶은 대로 행동하며 거침없이 살아왔기 때문에 그렇게 해도 되는 줄 알았다. 그런데 사업을 제대로 하려다 보니 자연스럽게 나의 말과 행동에 대해서 돌아보게 되었다. 직급이 올라갈수록 솔선수범해야겠다는 마음도 강해졌다.

나는 항상 모든 일에서 솔선수범하려고 노력했다. 센터 청소 같은 작은 일에서부터 나눔에 이르기까지 다른 사람들의 모범이 되고자 했다. 화나는 일이 있어도 최대한 좋은 말로 풀어보려 했고, 어려운 사람들을 만나면 기꺼이 손을 잡아주었다.

'멋대로 행동해서는 안 돼. 나를 바라보는 눈이 몇 개인데….'

한동안은 타인의 시선을 의식했던 것도 사실이다. 그런데 시간이 지나자 남들이 어떻게 보든 상관없이 무슨 일이든 앞장서서 하는 것이 습관이 되었다. 그러자 나를 믿고 따르는 사람도 부쩍 늘어났다.

애터미 서울위드조아센터에서 사업 설명회를 들은 사람들 중 80여 명이 아예 강서구로 이사를 왔다. 가족 전체가 이사 온 사람도 있고, 혼자서 이사 온 사람도 있다. 물론 애터미의 시스템과 비전이 좋기 때문이겠지만 센터 가족들이 솔선수범하면서 좋은 이미지를 남겼기 때문에 가능했던 일이었지 싶다.

네트워크 마케팅 사업을 하고 있는가? 긍정적인 마인드로 무장하고 매사에 솔선수범해야 한다. 나에 대한 이미지는 곧 사업에 대한 이미지, 회사에 대한 이미지로 연결되니까. 원리와 원칙을 지키는 기업, 나눔을 실천하는 소비자 중심 기업으로서, 혁신 경영을 해가는 애터미의 좋은 이미지를 내가 훼손시켜서야 되겠는가.

다소 귀찮더라도 솔선수범을 생활화하라. 물방울이 모여서 바다를 이루듯이, 한 마디 말과 작은 행동들이 모여서 결국 나를 성공의 길로 이끌어준다.

기록하고 정리하라

"인생은 실수를 저지르고 실수를 고쳐나가는 과정이다."

요나스 서크의 명언이다.

프로기사들은 바둑의 승패가 가려지면 복기를 한다. '이 자리에서 이렇게 두었더라면 어땠을까?'라며 서로 의견을 나눈다. 집에 가서도 혼자서 바둑돌을 놓아가면서 자신이 실수한 부분을 찾는다.

무슨 일을 하든지 기록하고 정리하는 습관은 중요하다. 업무 능력이 뛰어난 사람은 업무 전반에 대한 플랜을 갖고 있다. 새해가 되면 다이어리에다 한 해 동안의 업무에 대한 전반적인 계획을 세운다. 다시 월별 계획과 주별 계획을 짜고 일별 계획을 세운다. 그래서 다이어리를 펼치면 이번 주에 해야 할 업무가 무엇이고, 당장 해야 할 업무는 무엇이고, 우선적으로 처리해야 할 업무가 무엇인지를 한눈에 알수 있다. 모든 업무를 동시에 진행할 수는 없으므로 중요도에 따라서

업무를 처리한다.

　퇴근 시간이 되면 하루 동안의 업무를 기록하고 정리한다. 완료된 업무나 하지 않아도 상관없는 사소한 업무는 지워버린다. 업무 도중 상사가 새로운 업무를 맡겼다면 다시 중요도에 따라서 전반적으로 계획을 재조정한다. 사건이나 사고, 상사의 지시로 인해서 변수가 생겼다면 이를 별도로 기록해두는 것도 잊지 않는다.

　업무 능력이 떨어지는 사람은 특별한 플랜이 없다. 업무에 대한 계획이 없다 보니 빈둥거리다가 상사가 일을 던져주면 그제야 일하기 시작한다. 언제까지 끝내겠다는 전반적인 플랜을 세워놓고 진행해야 하는데, 일단 시작하고 본다. 그러다 중간에 다른 일이 들어오면 어떤 일부터 진행해야 할지 몰라 당황해하고, 상사로부터 빨리 끝내라는 독촉이라도 받으면 극심한 스트레스에 시달린다.

기록과 정리가 반드시 필요한 이유는 뇌를 효율적으로 사용하기 위함이다. 인간의 뇌는 대단한 기능을 갖추고 있다. 그러나 단기 기억력은 그다지 좋지 않다. 중요한 내용을 몇 개 기억해두거나, 몇 사람을 만나 대화를 나누고 나면 이미 뇌는 새로 입력된 정보로 인해 포화상태에 이르고 만다. 뇌의 성능이 급격히 떨어진 상태라 할 수 있다. 그 상태에서는 계속 일을 해봤자 업무 효율성이 낮을 수밖에 없다.

중요한 정보는 그 자리에서 기록할 필요가 있다. 그러면 뇌는 굳이 기억하지 않아도 되는 정보를 지워버린다. 다시 새로운 정보를 받아들일 준비를 하는 것이다.

기록했으면 반드시 정리해야 한다. 정리하지 않으면 중요한 정보가 기록 속에 파묻혀버린다. 기록한 내용은 그날 저녁이나 다음 날 아침에는 무조건 정리하는 습관을 들여야 한다.

성공하기 위해서는 기록하고 정리하는 습관은 필수다. 네트워크 마케팅 사업도 마찬가지다. 워낙 많은 사람을 만나는 데다, 수많은 대화를 나누기 때문에 기록해두지 않으면 후속 관리를 할 수 없다.

초대를 했는데 거절을 당했더라도 기록하고 정리해야 한다. 그래야 다음 상담을 보다 원활하게 할 수 있다. 상대방이 어떤 종류의 세계관을 지녔으며, 어떤 부분에서 거부감을 느끼고 있는지를 알아야만 보완해서 설득할 수 있다.

또한 사업을 진행해가다 보면 크고 작은 실수를 저지르게 된다. 이때 실수에 계속 사로잡혀 있으면 자신감이 뚝 떨어진다. 자신의 실수를 기록하고, 똑같은 실수를 저지르지 않기 위한 방안을 세우면 한 단계 더 성장할 수 있다.

네트워크 마케팅 사업은 인간관계를 통해서 이루어지기 때문에 섬세한 관리가 필요하다. 상대방이 진정으로 원하는 것을 주고 내가 원하는 것을 얻기 위해서는 기록하고 정리하는 습관을 꼭 길러야 한다.

좋은 쪽을 바라보라

'귀에 걸면 귀걸이, 코에 걸면 코걸이'라는 속담이 있다. 용도가 정해지지 않은 것은 사용하기 나름이라는 의미이기도 하고, 세상사는 해석하기 나름이라는 의미이기도 하다.

세상에는 빛과 어둠이 존재하듯, 세상의 모든 일에는 좋은 쪽과 나쁜 쪽이 있다. 어떻게 해석하고 받아들이느냐에 따라서 좋은 일이 되기도 하고, 나쁜 일이 되기도 한다.

예를 들어서 교통사고로 다리에 부상을 입었다고 해보자. 나쁜 쪽을 보는 사람은 신세 한탄을 한다.

"운도 지지리 없지, 가뜩이나 바쁜 시기에 다리까지 다치다니! 병원에서는 삼 개월은 지나야 걸을 수 있다는데, 그때까지 어떻게 기다려!"

좋은 쪽을 보는 사람은 같은 부상을 당해도 다르게 생각한다.

"난 참 운이 좋은 것 같아. 머리도 아니고 다리 부상이잖아? 삼 개월 후면 다시 걸을 수 있다니까 그때까지 푹 쉬면서 재충전을 해야겠어."

불행이나 행운은 추수가 끝난 들판의 참새 떼처럼 몰려다니는 습성이 있다. 나쁜 쪽을 보는 사람은 그것을 불행의 시초로 해석해서, 또 다른 불행을 불러들인다. 좋은 쪽을 보는 사람은 불행이 닥쳐도 가볍게 넘긴다. 액땜한 셈 쳐서 다가올 더 큰 불행을 미연에 방지한다.

모든 사업에는 장단점이 있다. 성공하는 사람은 장점을 본다. 비록 위험 부담이 따르더라도 성공했을 때 맛볼 수 있는 승리의 달콤함을 상상한다. 그래서 성공 가능성을 발견하면 목표를 세우고 도전한다. 반면, 실패하는 사람들은 단점을 본다. 실패했을 경우에 발생할 수 있는 오만 가지 일들을 상상한다. 그래서 시도해보지도 못하고 단념하거나 시작했더라도 난관에 부딪치면 곧바로 포기해버린다.

네트워크 마케팅 사업도 장단점이 있다. 장점은 진입 장벽이 낮아서 자본금 없이도 시작할 수 있다는 것, 학벌이나 자격증 또는 경력 같은 것도 필요 없다는 것, 부업으로도 할 수 있다는 것, 사업을 3대까지 물려줄 수도 있다는 것 등이다. 단점은 불법 피라미드와 동일시하는 편견에 사로잡힌 사람들이 많아서 이미지가 좋지 않다는 것이고, 생활할 수 있을 만큼의 수익이 발생할 때까지의 과정이 쉽지 않다는 것이다.

사업을 처음 시작할 때는 어떤 성향인지 알기 어렵지만 시간이 지나면 점점 드러난다. 불평불만을 터뜨리고 비난을 일삼는 사람은 대개 나쁜 쪽을 바라본다. 마음에 들지 않는 것이 있어도 어지간한 일은 넘어가면서 배우려는 자세를 지닌 사람은 좋은 쪽을 바라본다.

나쁜 쪽을 바라보는 사람은 의욕을 갖고 시작했을지라도 난관에 부딪치면 이내 포기해버린다. 사실 부딪쳐보면 난관을 충분히 해결할 능력을 갖췄음에도 불구하고 지레 겁을 먹고 물러난다. 좋은 쪽을 바라보는 사람은 난관을 성공하기 위해서 반드시 극복해야만 하는 과정이라고 생각한다. 혹독한 시련을 겪을지라도, 계절이 바뀌듯 언젠가는 끝날 거라는 생각으로 계속 전진한다.

어떤 분야든 간에 성공하기 위해서는 좋은 쪽을 바라보는 습관을 길러야 한다. 인생은 생각하는 대로 흘러가게 마련이다. 나쁜 쪽을 바라보면 나쁜 일만 생기고, 좋은 쪽을 바라보면 좋은 일이 기다리고 있다.

나는 어제보다 오늘이 더 좋고, 오늘보다는 내일이 더 좋을 거라는 예감을 안고 살아간다. 비록 가난한 집안에서 작은 체구를 지닌 아이로 태어났지만 매일 조금씩 성장해서, 위대한 거인이 되어 살아온 날들을 추억하며, 평화로운 죽음을 맞고 싶다.

꾸준하게 앞으로 나아가라

'돌 뚫는 화살은 없어도, 돌 파는 낙수는 있다'라는 속담이 있다.

화살은 강력해 보여도 돌을 뚫지 못하고, 떨어지는 낙숫물은 연약해 보여도 세월이 지나면 돌을 움푹하게 파고야 만다. 즉, 지금 당장은 불가능해 보이는 일도 꾸준히 하면 언젠가는 반드시 성공한다는 의미이다.

어떤 분야든 간에 성공은 쉽지 않다. 한 분야에서 인정받으려면 수많은 경쟁자를 물리쳐야 하기 때문이다.

나는 성공하기 위해서 안간힘을 썼지만 실패한 사람들을 무수히 봐왔다. 그들이 실패한 이유는 단지 노력이 부족해서가 아니었다. 경쟁자보다 더 열심히 했지만 결정적으로 재능이 부족했다. 학문이나 과학, 스포츠, 예술 분야에서는 노력보다 타고난 재능이 성공을 결정 짓는 중요 요인이다. 아무리 열심히 해도 재능이 없으면 한계에 부덮친다.

학교에서도 이런 일은 비일비재하다. 할 것 다 하면서 공부에는 별다른 노력을 기울이지 않는 것 같은 아이가 전교 1등을 한다. 밤낮으로 공부만 하는 공붓벌레는 전교 10등에도 들지 못한다. 이런 현실은 타고난 공부 머리가 다르기 때문에 생겨난다.

스포츠나 예술 분야도 상황은 비슷하다. 재능이 없으면 프로가 되지 못하고, 결국 다른 일을 찾아야 한다.

어떻게 보면 세상은 불공평하다. 하지만 세상이 그런 걸 어쩌겠는가. 불평불만을 한들 유구한 역사를 거치며 만들어진 세상이 쉽게 바뀌겠는가.

내가 네트워크 마케팅 사업으로 승부를 걸어야겠다고 결심한 가장 큰 이유는 특별한 재능을 필요로 하지 않는 사업이었기 때문이다. 이 사업은 재능이 아니라 도전할 용기와 끈기만 있으면 누구나 성공할 수 있다.

나는 공부머리는 부족해도 지치지 않는 체력, 그 어떤 난관도 이겨낼 수 있는 정신력을 갖추고 있다. 아니, 실제로는 어떨지 모르겠지만 그렇게 믿고 있다.

우연히 애터미의 사업 설명회를 듣고 돌아온 날, 기존에 쓰던 건강식품 사무실을 아예 애터미센터로 바꿨다. 정식 센터가 되면 본사에서 운영비가 나오는데 개인 사무실을 센터로 운영하다 보니 문제점이 한두 가지가 아니었다.

한 달에 임대료를 포함해서 400만 원이 나갔다. 그러다 두 달 만에 판매사가 되었지만 실제 수입은 고작 7만 원에 불과했다. 점차 나아지기는 했으나 무려 2년 반 동안 적자가 계속되었다.

나는 이 과정을 투자라고 생각했으나 주변에서는 그렇게 보지 않았다. 적자로 허덕이자 딱해 보였는지 다른 일을 해보라고 권하기까지 했다. 그러나 나는 성공을 믿어 의심하지 않았다.

사업은 느려 터진 거북이처럼 천천히 앞으로 나아갔다. 그리고 나는 조금씩이라도 성장하고 있다는 사실에 주목했다.

네트워크 마케팅 사업은 자기계발 과정이기도 하다. 일단 인간적으로 성장해야 신뢰를 얻어서 소비자를 확보할 수 있고, 새로운 사업자를 발굴해낼 수 있다. 또한 네트워크 마케팅 사업은 사색하는 사업이 아니라 행동하는 사업이다. 사무실에서 생각만 하고 있어서는 안 된다. 계획을 세웠으면 실천해야 한다. 여기저기에 전화를 걸고, 발로 열심히 뛰어다녀야 한다.

인간관계 역시 마찬가지다. 첫 만남에서 호감을 살 수도 있지만, 만남이 지속되는 동안 신뢰가 쌓여서 좋은 관계로 발전하기도 한다.

나는 새로운 소비자를 확보하고 사업자를 찾아다니는 한편, 이미 거절했던 '잠재적 소비자'를 계속해서 찾아갔다. 거절이 두 번, 세 번이 되어도 낙담하지 않았다. 처음에는 씨알도 먹히지 않을 것 같던 이들은 나의 계속된 설득에 결국 소비자가 되었고, 나의 지지자가 되어주었다.

네트워크 마케팅 사업은 몇 년 동안만 발로 뛰면 누구나 성공할 수 있다. 스폰서나 상위 직급을 잘 만나면 소요 기간도 대폭 줄어든다.

만약 네트워크 마케팅 사업으로 성공하지 못했다면 이는 대부분 끈기가 부족했기 때문이다. 결승점이 보이지 않는다고 경기를 포기하고 멈췄기 때문이다. 포기하지만 않으면 언젠가는 결승점을 통과하게 되는 마라톤처럼 이 사업 역시 마찬가지다.

지금 당장은 돈이 되지 않을지라도 꾸준하게 전진하라. 낙숫물이 돌을 뚫듯이 한 걸음 한 걸음 내딛다 보면, 언젠가는 최정상에 서 있는 자신의 모습을 발견할 것이다.

선행은 반드시 돌아온다

'콩 심은 데 콩 나고, 팥 심은 데 팥 난다'는 속담이 있다. 너무도 당연한 이야기여서 어렸을 때는 가슴에 와 닿지 않았다. 그런데 어느 정도 나이를 먹으니까 살아가면서 잊지 말아야 할 중요한 진리라는 생각이 들었다.

세상은 뿌린 대로 거두게 되어 있다. 시간은 모든 것을 파묻어버리며 흘러간다. 그러나 과거의 악행이나 선행까지 파묻지는 못한다. 성공한 연예인이나 운동선수 들이 학교 폭력 논란으로, 어렵사리 올라선 정상에서 한순간에 내려오는 것만 봐도 알 수 있지 않은가.

예전에는 자기만 알고, 수단과 방법을 가리지 않는 사람이 성공했다. 하지만 휴대폰과 인터넷의 발달로 입소문이 그 어느 때보다 빨라진 지금, 그런 사람은 반드시 망하게 되어 있다. 1,000원짜리 피로회복제와 반창고, 마스크 등을 5만 원에 판매했던 약국이 결국 문을 닫은 것을 보라. 입소문은 무시할 수 없음이다.

악행을 저지르면 결국 나에게 악행으로 돌아온다. 선행 또한 마찬가지다. 선행을 베풀면 언젠가는 다시 선행으로 돌아오게 되어 있다. 배고픈 어린 형제에게 치킨 값을 받지 않고 선뜻 치킨을 내준 가게에는 '돈쭐'을 내기 위한 손님들의 주문이 끊이질 않는다. 선한 영향력을 행사한 가게는 코로나19 시국에도 호황을 누리고 있다.

세상이 바뀌었다. 자기만 챙길 줄 알고 조금도 손해 보지 않으려는 사람보다는 남에게 양보하며 기꺼이 손해를 감수할 줄 아는 사람이 성공한다. 내가 손해를 보았다는 것은 누군가 이익을 보았다는 것이다. 내가 이익을 챙기려고 욕심을 부리다가 본 손해가 아니고, 타인을 배려하다가 본 손해라면 언젠가는 반드시 보상받는다.

인간은 본디 배은망덕한 존재라는 의미로 '검은 머리 짐승은 거두는 것이 아니다'라는 속담이 있다. 먹고살기 힘들었던 시절에는 내 입이 포도청이다 보니, 은혜를 입고도 갚지 못하는 상황이 잦았다. 경제적으로 궁핍할 때는 염치없는 동물이 되기도 한다. 하지만 지금은 몸을 움직이면 배를 곯지는 않는 시절이다.

인간은 '양심'이라는 것으로부터 평생 자유롭지 못하다. 경제적으로 조금만 풀려도 고마웠던 사람을 떠올리고 그 은혜를 갚으려 한다. 가난한 시절에 등록금을 대주었던 은사를 찾아나서는 것도, 따뜻한 밥 지어주던 하숙집 아주머니를 다시 찾는 것도 양심 때문이다.

어디 그뿐이랴. 어려웠던 20년 전 저지른 무임승차의 죄를 반성하며 기차 요금을 편지와 함께 보내고, 오래전 먹고 지불하지 못했던 음식 값을 세월이 흐른 뒤에 치르고, 부모를 도와준 의사에게 은혜를 갚고…. 이런 훈훈한 이야기는 세월이 흘러도 양심으로부터 자유롭기는 어렵다는 사실을 단적으로 보여준다.

선행은 선행으로 돌아온다. 물론 반드시 그렇지는 않다. 다양한 사람이 다양한 상황 속에 처하다 보니 은혜를 원수로 갚는 일도 더러 생긴다. 그렇다고 해서 인간 자체를 '악인'이라고 몰아붙여서는 안 된다. 전체적인 현상이라기보다는 상황이 낳은 돌연변이라고 봐야 한다.

선행을 베풀며 살아라. 눈앞의 이익에 지나치게 연연하지 마라. 그때는 잠시 기쁠지 몰라도 이미지도 나빠지고, 성공과는 점점 거리가 멀어진다.

네트워크 마케팅 사업은 선행을 나누는 일이다. 가격 대비 좋은 제품을 소비자에게 권해서 판매 수익금의 일부를 챙기게 하니, 이 또한 선행이 아니겠는가.

항상 선행을 실천하겠다는 마음가짐으로 살아야 한다. 선행을 베풀고 베풀다 보면 반드시 성공하게 되어 있다.

미치지 않고서는 답이 없다

'지성이면 감천이다'라는 속담이 있다. 지극하게 정성을 들이면 하늘도 감동해서 도와준다는 뜻이다. '지극한 정성'이란 어느 정도의 정성을 말하는 걸까? 그 일에 나의 모든 것을 걸어야 한다는 의미이다. 즉, 미쳐야 한다는 것이다.

지극정성을 들여야만 타개할 수 있는 상황이라면 최악의 상황이겠다. 인간의 의술로는 고칠 수 없는 질병에 걸렸거나 경제적으로 극심한 어려움에 처해 탈출구가 보이지 않는 상황일 터다. 이때 인간이 택할 수 있는 것은 두 가지다. 체념하고 포기해버리는 것과 마지막으로 지극한 정성을 들여보는 것.

성공한 사람들은 자신의 일에 지성을 들인다. 어쩌면 일에 미친 사람이라고 봐도 무방하다. 전구를 발명해서 인류에게 빛을 선물한 에디슨이나 비행기를 최초로 개발한 라이트 형제도 자신의 일에 미쳐 있었다. 그들은 무수히 실패했지만 멈추지 않았다. 미친 사람에게 실패는 실패가 아니라 성공을 향한 또 다른 전진일 뿐이기 때문이다.

나는 네트워크 마케팅 사업에서 두 번을 실패했다. 나의 인내와 끈기, 노력이 부족해서라기보다는 시스템이 불안전하고 비전이 없는 회사다 보니 부도가 났다. 화장품 사업을 하다가 접고서 건강기능식품 사업을 시작했다. 진행 과정에 대해서는 생략하고, 결과적으로는 모두 실패로 돌아갔다.

그러다 다시 네트워크 마케팅 사업으로 뛰어들었다. 처음부터 시작하려니 한숨이 절로 나왔지만 그래도 성공에 대한 희망을 포기할 수 없었다. 지난날을 곰곰이 돌아보면서 전반적인 사업 계획을 짜기 시작했다. 이미 두 차례나 경험해봤기에 생활을 유지할 만큼의 수익을 내기까지 상당한 시간이 필요하다는 사실을 잘 알고 있었다. 그러나

계속된 실패로 인해 경제적으로 최악의 상황이었다. 아무리 돈을 끌어들인다고 해도 그때까지 버틸 여력이 없었다. 1년은 고사하고 반년을 버틸 수 있을지조차 의문이었다.

열심히 계산기를 두드려봤지만 답이 없었다. 밤새 고민하다 내린 결론은 하나였다.

"아, 내가 이 일에 미치지 않고서는 답이 없구나! 다른 걱정은 일절 접어두고, 일단 앞만 보고 가자."

나는 '어떻게든 반드시 성공한다!'라는 목표 하나만을 보며 사업을 시작했다. 하루하루가 힘겨웠지만 그 힘겨움을 오히려 열정의 거름으로 삼았다. 더 이상 물러설 곳이 없기에 반드시 성공해야만 했다.

내 머릿속은 온통 사업에 관한 것뿐이었다. 일을 할 때는 물론이고, 밥을 먹을 때도, 텔레비전을 볼 때도 사업을 생각했다. 심지어는 잠을 잘 때도 소비자를 확보하고 사업자를 발굴하러 다니는 꿈을 꾸었다. 어떤 날은 믿었던 지인에게 문전박대를 당해서 쫓겨났다가 꿈에서 깨기도 했다. 안도의 한숨이 절로 났다. 어떤 날은 내가 그토록 쫓아다녔던 사람이 사업을 해보겠다고 제 발로 찾아와서 기뻐하다가 잠이 깨기도 했다. 그때는 얼마나 아쉬웠는지 아쉬움의 한숨이 절로 샜다.

사업에 미쳐 있다 보니 시간이 빠르게 흘러갔다. 일하다가 달력을 보면 어느새 일주일이 지나 있었고, 한 달이 지나 있었고, 1년이 지나 있었다. 그 세월과 함께 직급이 서서히 올랐다. 그토록 원했던 생활비를 벌 수 있어서 기뻐했던 것도 잠시, 어느 순간부터 통장에 폭설처럼 돈이 내려 쌓이기 시작했다. 가끔씩 통장을 들여다보면 여전히 실감 나지 않을 때가 있다. 사업 초창기 때를 생각해보면 더더욱 그렇다.

살아가다 보면 답답한 상황에 직면하곤 한다. 아무리 계산해도 답이 없을 때가 있다. 고민한다고 해서 해결될 상황이 아니라면 시선을 돌려 자신의 일에 집중해야 한다. 일에 미쳐 있다 보면 상황도 바뀌고, 어느새 정상에 서 있는 자신을 발견하게 된다.

잘하는 것에 집중하라

'무는 호랑이는 뿔이 없다'는 속담이 있다. 입으로 먹이를 무는 호랑이에게는 들이받을 뿔이 없다. 즉, 동물들은 저마다 장단점이 있듯이, 한 사람이 모든 것을 다 갖추기란 어렵다는 의미다.

네트워크 마케팅 사업을 하다 만난 사람 중 상당수가, 놀랍게도 자신의 단점은 잘 알고 있는데 장점은 잘 모른다. 잘하는 것을 살리려고 하지 않고 못하는 것에 계속 신경을 쓴다.

직급을 올리려면 소비자도 늘려야 하고, 사업자도 늘려야 한다. 혼자서 설득하기 어려우면 사업 설명회에 참석이라도 시켜야 한다. 어떤 분은 열심히 전화를 하고 발품을 팔아도 소득이 미미하자 이렇게 하소연했다.

"전 도무지 사람들의 심리를 모르겠어요. 앞에서는 알았다고 하고는 돌아서면 엉뚱한 소리를 하거든요."

그 사람은 몰라도 나는 그 이유를 알 것 같았다. 본성은 더없이 착하고 남에게 싫은 소리는 일절 못하는 사람이었다. 그렇지만 사람들에게 신뢰를 주는 스타일은 아니었다.

"목소리도 좋고, 말씀을 참 조리 있게 잘하시는데, 아예 강연을 한 번 해보는 건 어떨까요."

"강연요? 제가요?"

그녀는 나의 권유에 살면서 한 번도 강연을 해본 적이 없다며 손사래를 쳤다. 만날 때마다 계속 권유하자 그녀도 뭔가를 하기는 해야겠다는 생각이 들었는지 하겠다고 답했다.

그녀는 처음엔 긴장해서 좀 떨기는 했지만 그럭저럭 잘해냈다. 다시는 안 하겠다고 하더니 며칠 뒤 다시 강단에 섰다. 시간이 흐르고 횟수가 쌓이면서 그녀의 강연 솜씨는 점점 좋아졌다. 그녀는 팀에서 강연을 도맡아서 했고, 나중에는 사업 설명회나 제품 설명회도 하기에 이르렀다.

하루는 그녀가 물었다.

"그런데 제가 강연을 잘할 줄 어떻게 아셨어요?"

그녀는 그게 신기한가 보았다.

"하나님께선 우리를 먹고살게 하시려고 하나쯤은 잘하는 걸 만들어서 세상에 내보내셨어요. 사람들이 자신들이 뭘 잘하는지 찾아내지 못하는 것뿐이죠."

"어머, 정말 그런가 보네요!"

그녀는 센터 사람들의 장점을 하나씩 손가락으로 꼽아보다가 격하게 고개를 끄덕였다.

사실 나는 강연은 잘하지 못한다. 직급이 높다 보니 사람들 앞에서 강연을 하긴 해도 내가 강연을 잘한다고는 생각하지 않는다. 그 대신 대인관계는 제법 한다. 경제적인 어려움을 오랫동안 겪은 데다, 사업 전부터 워낙 다양한 경험을 하며 다양한 사람을 만나왔기 때문일까. 상대방이 무슨 말을 하면 그 뒤에 숨겨진 의미까지 찾아낸다.

표정만 봐도 생각을 알 때가 있다. 상대방이 거절하려는 기미가 보이면 말을 꺼내기 전에 내가 먼저 일어난다.

"오늘 즐거웠어요! 다음에 또 올게요."

이렇게 헤어지고 나면 다음에 찾아갈 때도 한결 발걸음이 가볍다. 또한 거절하려는 이유를 어느 정도는 알고 있기에 설득하기도 쉽다.

더불어 나는 사람이 저마다 지닌 장점을 찾아내는 재능이 있다. 장점이 겹치지 않도록 파트너를 맺어주고 팀을 짜준다. 그들이 자신만의 장점을 한층 더 발전시켜 나아가도록 옆에서 도와준다.

자신에게 남보다 잘하는 것이 있다는 사실을 깨닫고 나면 사람 자체가 변한다. 자신감이 넘치면서 매력적으로 변하는 것이다.

저마다 다른 장점을 지닌 사람들이 팀을 이뤄서 일을 하면 일 자체가 즐겁다. 각자 해야 할 일이 분산되어 있어서, 부딪칠 일도 없다. 화기애애한 분위기 속에서 서로가 서로를 존중해주면서 일하다 보면 어느새 성공에 이르게 된다.

뭐든지 잘하고 싶은 것이 인간의 욕심이지만 지나친 욕심은 화를 부른다. 두 가지도 필요 없다. 단 한 가지만 잘해도 충분히 성공할 수 있다.

하나님은 인간을 만들 때 한 가지쯤은 잘하는 것이 있게끔 만드셨

으니, 모든 인간은 성공할 기본 자질은 갖춘 셈이다. 그 장점을 찾아내서 살려서 성공하느냐, 그대로 썩히느냐는 오로지 당신에게 달렸다.

내 안의 잠재력을 끌어내라

"끊임없이 노력하라. 체력이나 지능이 아니라 노력이야말로 잠재력의 자물쇠를 푸는 열쇠다."

영국의 유명 정치가인 윈스턴 처칠의 명언이다.

무슨 일이든 성공하기 위해서는 자신의 한계를 극복해야 한다. 자신이 본래 지니고 있는 능력만으로는 부족한 경우가 많다. 그럴 때는 내 안에 잠들어 있는 잠재력을 끌어내야 한다.

성공으로 가는 길에는 크고 작은 난관이 있다. 어떤 난관은 혼자서도 극복 가능하지만 어떤 난관은 다른 사람들의 도움이 필요하다. 또 어떤 난관은 시간이 지나면 저절로 해결되지만 어떤 난관은 세월이 흘러도 해결되지 않는다.

"운명도 참 얄궂지. 이건 내 힘으로 도저히 해결할 수 없는 일이야!"

실패하는 사람들은 난관에 부딪쳤을 때 대충 보고는 자신의 능력

밖의 일이라고 판단한다. 실체를 확인해보지도 않고, 지레짐작으로 극복할 수 없다고 생각한다. 그렇게 일단 포기해버리고 나면 자신도 모르는 사이에 그릇이 점점 작아진다. 다른 때는 별것도 아닌 난관을 만나면 겁을 집어먹고 포기한다.

"해결 방법이 뭘까? 찾아보면 분명 해결책이 있을 거야!"

성공하는 사람들은 난관에 부딪쳐도 물러서지 않는다. 일단 난관의 실체부터 정확히 파악하기 시작한다.

"잘하면 될 것 같은데?"

정면 돌파가 가능하다고 판단되면 일단 부딪쳐본다. 최선을 다했음에도 극복이 되지 않으면 전문가에게 도움을 요청하거나, 상상력을 동원해서 새로운 방법을 모색한다.

"그래, 이거야!"

조금의 가능성이라도 발견하면 또 다시 시도한다.

난관을 극복하기 위해 다양한 방법을 시도하다 보면 어느 순간, 내 안의 잠재력이 폭발한다. 이로써 평소 자신의 능력으로는 할 수 없었던 일들을 해내게 된다.

네트워크 마케팅 사업을 하다 보면 여러 난관에 부딪치곤 한다. 그중 하나는 가족의 반대이다.

"세상에는 수많은 일이 있는데 하필이면 왜 불법 피라미드야? 돈 안 벌어 와도 좋으니까, 그 일만은 제발 하지 마!"

시작 단계에서부터 가족의 만류가 의욕을 꺾는다. 어렵사리 설득해서 사업을 시작해도 또 다른 난관이 기다리고 있다. 열심히 했음에도 불구하고 정체기가 찾아오는 것이다. 성공에 대한 의심이 들기 시작하고 회의감이 몰려온다.

'내가 판단을 잘못한 거야! 이 사업으로 성공하는 사람은 나하고는 아예 다른 인간이야. 나 같은 인간이 성공한다면 누군들 성공하지 못하겠어.'

머릿속에서 패배를 인정하고 나면 몸은 의욕을 잃고 축 처진다. 센터에도 출근하지 않고, 팀원들의 전화도 피하게 된다.

네트워크 마케팅 사업에서 난관을 극복하는 길은 '할 수 있을까?'가 아니라, '할 수 있다!'는 믿음뿐이다. 성공에 대한 변하지 않는 믿음을 갖고 계속 전진하다 보면 어느 순간, 자신의 잠재력을 끌어낼 수 있다. 자존심 때문에 평생 부탁 한 번 안 하고 살아온 사람이 은사를 찾아가 제품 사용을 권하기도 하고, 사람들 앞에서 말 한 마디 제대로 못하던 사람이 수많은 사람 앞에서 감동적인 연설을 한다.

농구선수가 슛 성공률을 높이는 방법은 단 하나뿐이다. 계속해서 던지는 연습을 하면 된다. 재능에 차이는 있겠지만 하루에 수백 개, 수천 개씩 던지다 보면 슛에 대한 감각이 생성된다. 마침내 눈을 감고 던진 슛이 림을 통과하기도 한다.

지금 난관에 직면해 있다면 내 안의 잠재력을 끌어내야 할 때다. 자신의 한계를 극복해야 할 때다. 그 단계만 넘어서면 눈앞의 자욱한 안개가 걷히면서, 비로소 그토록 갈구했던 성공의 성이 보인다.

경험이라는 자산을 활용하라

'사람이 오래면 지혜요 물건이 오래면 귀신이다'라는 속담이 있다. 사람은 경험이 풍부할수록 지혜로워지지만 물건은 오래되면 쓸모가 없어지는 법이다. 즉, 살아가면서 다양한 경험을 쌓을 필요가 있다는 의미다.

경험은 여려 모로 쓸모가 있다. 실생활에서는 당연히 빛을 발한다. 민간요법이라는 것도 사람들의 경험이 축적된 결과라 할 수 있다. 투자도 경험이 있으면 유리하다. 지금이 투자 액수를 늘려야 할 상황인지, 줄여야 하는 상황인지를 잘 판단할 수 있기 때문이다.

'숙성이 된 곡식은 여물기도 일찍 된다'는 속담 역시 지식이나 경험이 많을수록 성공하기도 한결 수월하다는 의미다.

사업을 할 때도 경험은 무척 중요하다. 워낙 다양한 상황에 놓이기 때문에 처음 사업을 할 때면 판단을 잘못하거나 중요한 것을 놓치기 쉽다. 그런데 네트워크 마케팅 사업을 시작할 때는 별다른 게 필요 없다. 성공하겠다는 목표와 의지만 있으면 된다.

사업을 진행해 나아가는 데에서 유용한 것을 한 가지 꼽으라고 한다면 인생 경험이다. 그 이유를 세 가지만 들자면 이렇다.

첫째, 안목이 생긴다.

기회는 찾아왔을 때 붙잡아야 한다. 그런데 인생 경험이 부족한 사람은 기회가 찾아와도 붙잡지 못한다. 그 이유는 선입견에 사로잡혀 있기 때문이다.

인생 경험이 풍부한 사람은 안목이 남다르다. 어느 분야든 성공하기가 쉽지 않다는 사실을 알고 있어서, 성공 기회가 찾아오면 꽉 붙잡는다. 진흙 속에 묻혀 있는 보석을 찾아낸다. 또한 사람을 보는 안목이 있어서 나에게 도움을 줄 사람인지, 손해를 입힐 사람인지 금방 파악해낸다.

둘째, 상대방이 무엇을 원하는지 알아채는 능력이 있다.

인생 경험이 부족한 사람은 상대방이 하는 말을 곧이곧대로 받아들인다. 무엇을 권해도 "괜찮습니다!" 하고 사양하면 정말로 괜찮은 줄 안다. 반면 경험이 풍부한 사람은 상대방의 표정과 눈빛, 말투를 읽고서 그것이 으레 해보는 사양임을 알아챈다. 그래서 다시 한 번 권해서 상대방이 받아가도록 하는 센스가 있다.

사람을 설득하려면 상대방이 가장 필요로 하는 것을 줄 수 있어야 한다. 그런데 경제적으로 여유롭게 살아왔던 사람은 가난한 사람의 고통과 심리를 모른다. 그리고 경제적으로 궁핍하게 살아왔던 사람은 여유로운 사람에게 무엇이 가장 필요한지 알지 못한다.

한때는 부자이기도 했고 가난도 겪어본 사람들은 그 다양한 심리를 알고 있다. 그래서 상대방이 진정으로 필요로 하는 것을 기꺼이 내어놓는다.

셋째, 고난에 대한 면역력이 있다.

인생 경험이 부족한 사람은 고난이 닥치면 스트레스를 감당해내지 못한다. 스스로 포기해버리거나 스트레스 해소법을 몰라 그저 버티다가 건강을 잃기도 한다.

경험이 풍부한 사람은 나름대로 고난 극복 노하우를 갖고 있다. 견디기 힘든 날은 땀을 흘리며 운동을 하거나 일찍 잠자리에 든다. 비록 오늘은 힘들었어도, 내일은 내일의 해가 뜬다는 사실을 잘 알고 있기 때문이다.

네트워크 마케팅 사업은 자신의 잠재력을 끌어내고, 경험마저도 활용해야만 성공하는 사업이다. 처음에는 힘들지만 성공하기만 한다면 자신은 물론이고 3대까지 편안한 인생을 살아갈 수 있다. 인내는 쓰지만 열매는 달콤한 사업, 바로 네트워크 마케팅이다.

즐거운 마음으로 살아가라

'마음이 풀어지면 하는 일이 가볍다'는 속담이 있다. 세상사는 마음먹기 나름이니 마음에 맺혀 있던 근심과 걱정이 풀어지면 힘들었던 일도 쉽게 할 수 있음을 의미한다.

세상을 살아가면서 근심 걱정이 하나도 없는 사람이 있을까? 아무런 근심 걱정도 없고, 마음의 상처도 아픔도 없다면 이 세상 사람이 아니다.

인간은 저마다 행복을 추구하며 살아가는 존재다. 어쩌면 불행에서 벗어나려고 몸부림치며 살아가는 존재라고 할 수 있다. 즉, 인간은 완벽한 행복과 완벽한 불행 사이에서 살아간다.

사람들을 만나보면 겉모습과 속사정이 제각각이다. 온갖 인상을 쓰고 한숨과 푸념을 입에 달다시피 하며 살아가는데, 속사정을 들어보면 별것 아닌 경우도 허다하다. 반면 항상 웃으면서 해맑게 살아가는데, 속사정을 들여다보면 안타까움에 목이 메고 가슴이 아픈 경우도 허다하다.

현실이 어떻든 간에 마음속에는 그 무엇이든 들어와 살 수 있다. 언제 독가스실로 끌려갈지 모르는 아우슈비츠 수용소에 수감되어 있어도 마음속에는 희망이 들어와서 살기도 한다. 그런 사람은 오랜 세월 갇혀 있었음에도 불구하고, 건강하게 여생을 살아간다.

반면 젊은 데다 출중한 미모에 재산과 명예까지 겸비했음에도 불구하고, 마음속에는 불행이 들어와서 살기도 한다. 세상 모든 것을 가진 듯 보이는 유명 연예인이 마음의 병으로 자살을 선택하는 경우가 그러하다.

하나님은 인간을 창조하셨지만 어떤 마음으로 살아가느냐 하는 것은 각자의 의지와 선택에 달려 있다. 그래서 누군가는 몇 년 전의 불행을 계속 끌어안은 채 살아가고, 누군가는 몇 년 전의 작은 행복을 여전히 보듬은 채 살아간다.

세상 사람들은 다 행복한데 나만 불행하다는 착각, 남들은 다 즐거운데 나만 고통스럽다는 착각에서 벗어나야 한다. 그런 생각들이 마음의 병을 부르고, 끝내는 나를 파멸에 이르게 한다.

정도의 차이는 있겠지만 상황은 엇비슷하다. 재벌 총수나 평범한 시민이나 겉으로는 엄청난 차이가 있어 보이지만 살아가는 것은 크게 다르지 않다. 이런저런 고민을 하면서 하루 세 끼 밥 먹으며 살아간다.

오히려 평범한 시민이 재벌 총수보다 더 행복한 삶을 살아갈 수도 있다. 주어진 상황 속에서 자신이 소유하고 있는 것에 감사하면서, 매일매일 행복을 발견한다면 충분히 가능하다.

마음은 전염성이 강하다. 깊은 한숨을 내쉬며 우거지상을 하고 있는 사람과 함께 있으면 마음이 무거워진다. 싱글벙글하며 자주 웃음을 터뜨리는 사람과 함께 있으면 왠지 모르게 마음이 가벼워진다.

성공하려면 즐거운 마음을 지녀야 한다. 그래야 주변 사람들을 내편으로 끌어들일 수 있고, 밝은 에너지를 응축해서 큰일을 성사시킬 수 있다.

애터미 본사인 충남 공주의 애터미파크를 방문한 사람들은 하나같이 깜짝 놀란다. 사무 공간이라기보다는 놀이터에 가깝게 지어졌기 때문이다. 그 안에서 미끄럼틀도 타고, 수영도 하고, 농구도 하고, 축구도 하고, 테니스도 치고, 승마도 할 수 있다. 애터미 사옥에는 '즐거운 마음으로 일해야 성공할 수 있다'는 박한길 회장님의 평소 철학이 담겨져 있다.

네트워크 마케팅 사업은 신뢰를 구축하면서 대인관계를 확장해나가는 사업이라고 할 수 있다. 현재 놓여 있는 상황과 무관하게 즐거운 마음으로 일해야만 성공할 수 있다.

내 마음이 힘들고 무거우면 상대방을 배려해줄 여유가 없다. 먼저 내 마음이 즐거워야만 '어떻게 하면 상대방의 마음을 즐겁게 할 수 있을까?'를 생각하게 된다.

마음은 먹기 나름이다. 설령 집안에 우환이 있더라도 거기에 계속 사로잡혀 있어서는 안 된다. 우환을 끌어안고 끙끙거리며 고민한다고 해도 달라지는 것은 없다. 차라리 '살아 있기 때문에 생길 수 있는 일'로 가볍게 받아들일 필요가 있다.

나 역시 사업을 처음 시작할 때는 상황이 좋지 않았다. 온갖 어려움

속에서 즐거운 마음을 유지하기란 솔직히 쉽지 않았다.

　마음이 무겁게 가라앉으려 할 때마다 억지 미소도 짓고, 살아오면서 행복했던 순간들을 회상하기도 했다. 그렇게 지내다 보니 정말로 좋은 일도 찾아오면서 마음도 한결 가벼워졌다.

　성공하고 싶다면 근심 걱정이나 고민은 내려놓고 즐거운 마음으로 살아라. 즐거운 마음 상태여야만 제대로 일할 수 있다.

멈춰 서지 마라

'쟁개비 끓듯'이라는 표현이 있다. 무쇠나 양은 따위로 만든 작은 냄비인 쟁개비는 불에 올려놓자마자 끓기 시작하지만 불에서 내려놓으면 금방 식고 만다는 뜻이다. 즉, 어떤 일을 하는 데 꾸준하지 못하고 처음 한동안은 부글부글 끓듯이 열성을 내다가 금방 식어버림을 비유적으로 이르는 말이다.

우리 주변에서는 쟁개비 끓듯 하는, 쟁개비 열정을 지닌 사람들을 쉽게 찾아볼 수 있다. 시작은 거창하지만 뜻대로 안되면 이내 꼬리를 말고 만다.

한술 밥에 배부른 사업이 어디 있으랴. 어떤 분야든 성공하려면 꾸준함은 필수 덕목이라 할 수 있다.

네트워크 마케팅 사업은 진입 문턱이 낮아서 수많은 사람이 뛰어들지만 수많은 사람이 포기하는 사업이기도 하다. 처음에는 원대한 목표를 갖고 시작하지만 단기간에 이익이 발생하지 않다 보니, 이내 포기한다. 따라서 이 사업은 시작할 때부터 이런 점을 염두에 두어야만 한다. 그래야 정체기가 찾아와도 버틸 수 있다. 아주 어렵지도 않지만 그렇다고 해서 만만한 사업도 아니다.

나는 6년의 사업 경험 덕분에 네트워크 마케팅의 장단점을 잘 알고 있었다. 시작 단계에서부터 마음의 준비를 단단히 했기에 어려움을 극복할 수 있었다.

성공하는 데는 저마다의 속도가 있다. 나는 처음에는 빨랐지만 중반에는 속도가 나지 않았다. 파트너는 빠르게 치고 올라가는데 나는 계속 제자리걸음을 했다. 이는 기본 토대의 중요성을 잘 알고 있었기에 기초를 쌓는 데 좀 더 심혈을 기울였기 때문이다.

무려 2년 반 동안 적지 않은 적자를 감수하면서도 나는 꾸준함을 잃지 않았다. 아무리 힘들어도 맨발로 뛰어다니며 여러 사람을 만났고, 그들의 문제점을 해결해주기 위해서 온갖 노력을 기울였다.

업무가 과다할 때의 휴식은 지칠 대로 지친 몸과 정신을 재충전시켜주는 효과가 있다. 주말에 휴식을 제대로 취하면 힘찬 일주일을 보낼 수 있다. 그러나 사업하다가 중도에 휴식한다는 것은 포기와 별반 다르지 않다.

짐을 잔뜩 실은 무거운 수레는 일단 움직이기가 힘들다. 그래도 한번 움직이기 시작하면 가속도가 붙어서 한결 수월하다. 일단 수레를 끌기 시작했으면 멈추지 말고 끝까지 가야 한다. 만약, 평지도 아닌 언덕을 오르다가 힘들다고 멈춰버리면 혼자 힘으로는 절대로 움직일 수 없다. 누군가가 뒤에서 밀어주어야만 겨우 움직이게 된다.

만약 지금 사업이 술술 풀리고 있다면 내리막길이라는 생각을 해야 한다. 조만간 오르막길이 나타날 수 있음을 염두에 두어야 한다.

평지나 내리막길은 누구든지 잘 간다. 문제는 오르막길이다. 숨이 턱끝까지 차오르는 오르막길에서 많은 이가 포기한다. 결국 오르막길을 만나도 꾸준히 발걸음을 옮기는 사람만이 정상에 오른다.

사업 역시 마찬가지다. 힘들수록 중도에 멈춰 서면 안 된다. 만약 멈춘다면 추진력을 잃고, 결국 포기하게 된다.

센터에도 출근하지 않고, 한동안 어디에도 모습을 보이지 않아서 찾아가면 대다수가 이렇게 대답한다.

"좀 쉬려고요."

"고비는 거의 다 넘겼어요. 지금 포기하면 그동안 해왔던 게 너무 아깝지 않나요?"

나는 이미 그 길을 넘어봤기에 그 사람이 지금 어느 위치에서 멈춰 있는지를 알고 있다. 혼자서는 움직일 수 없기에 뒤를 밀어주려고 노력해보지만 한 번 멈춘 사람은 좀처럼 다시 움직이려 하지 않는다. 목표가 사라지면서 마음속 열정이 식었기 때문이다.

성공하고 싶다면 멈춰 서지 마라. 경제적으로 어렵더라도, 집안에 우환이 겹쳤더라도 계속 앞으로 나아가야 한다.

언덕이 너무 높을 때는 고개를 푹 숙이고 전진하는 것도 하나의 방법이다. 그렇게 계속 가다가 고개를 들면 정상이 가깝게 보이고, 다시 힘을 내서 갈 수 있다.

삶이 힘들다고 멈춰 서지 마라. 그 자리는 마음 편하게 쉴 수 있는 자리가 아니다. 정상에 올라야만 제대로 쉴 수 있다.

15

단순화하라

공자가 말했다.

"인생은 정말로 단순하다. 그런데 우리는 계속해서 그것을 복잡하게 만든다."

나는 이 말을 오랫동안 이해하지 못했다. 인생이 얼마나 복잡다단한데 단순하다고 말하는 건지 도무지 알 수 없었다.

이 말을 처음 접했을 때 나는 여러모로 힘든 시절이었다. 하는 일마다 실패를 거듭하던 때여서 신경도 예민해질 대로 예민해져 있었다. 나는 이 말을 한참 곱씹다가 속으로 중얼거렸다.

'공부만 한 책상물림이라서 그런지 세상살이를 전혀 모르네! 사람들이 얼마나 힘들게 살아가는지 모르니까 이렇게 속 편한 소리나 하고 있지.'

마음의 위안이라도 얻어볼까 하고 새벽 독서를 하던 나는 화가 나서 읽던 책을 덮어버렸다. 그럼에도 불구하고 화가 좀처럼 가라앉지 않았다.

인생은 단순하다는 공자의 말뜻에 공감한 것은 애터미에서 사업을 시작하고 나서였다. 직장인이 볼 때는 사업이 쉬워 보이지만 막상 해 보면 만만치 않다. 처리해야 할 일이 한두 가지가 아니다. 네트워크 마케팅 사업도 마찬가지다. 다양한 사람을 만나서 설득해야 하는데 그들의 속사정도 다 제각각이다.

일이라는 것이 그렇다. 안 하려고 마음먹으면 할 일이 없지만 하려고 마음먹으면 수없이 많다. 어떤 때는 일이 너무 많아서 내가 지금 어디에서 뭘 하고 있는지조차 모를 때도 있다.

인간관계도 마찬가지였다. 세상이 복잡하게 얽혀서 흘러가다 보니 꼬이기 일쑤였다. 인간관계도 한 번 얽히기 시작하면 도무지 풀 방법이 없었다.

그런데 나이를 먹으면서 살아가는 요령이 붙어서였을까, 언제부터인가 나도 모르게 복잡한 것을 점점 단순화하기 시작했다.

제일 먼저 '성공'이라는 개념부터 단순화했다. 성공은 '내가 스스로 포기하지 않으면 반드시 이룰 수 있는 것'이라고 규정짓자 마음이 편해졌다.

네트워크 마케팅 사업을 하다 보면 수시로 '내가 정말 해낼 수 있을까?' 하는 의혹에 사로잡히게 된다. 아무리 노력해도 성공과 가까워진다는 생각이 들지 않으면 순식간에 기가 꺾이면서 풀이 죽는다. 그런데 성공에 대한 개념을 새롭게 규정짓고 나자 더 이상 고민할 필요가 없었다.

걱정 근심도 단순화했다. 해결 가능한 것과 해결할 수 없는 것으로 나눴다. 그런 다음 급하게 해결해야 할 일이 아니면 모조리 파묻어버렸다.

업무도 단순화했다. 예전에는 혼자서 모든 일을 처리하려고 했다. 그러자니 아무리 해도 일은 끝이 보이지 않았다. 그러다가 아예 생각을 바꿨다. 팀을 구성해서 업무를 분담했다. 내가 할 수 있는 일만 하기 시작하자 오히려 업무 효율이 올랐다.

인간관계도 단순화했다. 예전에는 관계가 복잡했다. 가족, 친척, 지인, 어릴 적 친구, 사회 생활하다 만난 사람, 은혜를 갚아야 할 사람, 기타 등등…. 나는 아예 세상 모든 사람을 사업 파트너와 잠재적 소비자로 분류했다. 사업 파트너는 관리했고, 잠재적 소비자는 전화를 하거나 직접 찾아가서 설득했다.

삶의 시련이나 고난도 단순화했다. 계절이 바뀌듯이 때가 되면 사라지는 것으로 규정짓자, 그 어떤 상황에 놓여도 견딜 만했다.

시간도 단순화했다. 흘러간 시간은 미련 없이 놓아버리고, 미래에 대한 걱정도 잊어버리고, 현재의 시간에만 집중했다. 내가 할 수 있는 것, 하고 있는 것에 최선을 다했다.

그러자 자연스레 미루는 습관도 사라졌다. 오늘 할 수 있는 일들 중 꼭 해야만 하는 일들은 최대한 빠르게 해치웠다. 생각이 나면 주저 없이 전화를 걸거나 찾아갔고, 더러운 것이 보이면 곧바로 청소를 했다.

이렇듯 삶을 단순화하자 비로소 소중한 것들이 눈에 들어왔다. 거미줄처럼 얽혀 있던 복잡한 관계가 정리되고, 어지러웠던 생각들이 정리되자 어떻게 살아야 행복한 삶인지를 깨닫게 되었다.

모든 것이 단순해지자 거침없이 진격했다. 내가 장애물이라고 생각하며 두려워했던 것들도 실제로 부딪쳐보니 허상에 불과했다. 걱정은 걱정이 아니었고, 두려움은 두려움이 아니었고, 고통은 고통이 아니었다. 그저 이리저리 휩쓸려 다니는 바람 같은 것이었다. 그것들이 수시로 앞을 가로막기는 했지만 내가 전진하지 못할 정도는 아니었다.

성공하고 싶다면 삶을 단순화하라. 스스로를 거미줄에 칭칭 얽어매지 마라. 그런 것들만 일제히 제거해버려도 사업이 재미있어진다.

16

나를 위해 투자하라

'고생도 해야 정도 안다'고 한다. 사람은 본래 자기만 아는 존재이다. 자기가 직접 고생을 겪어봐야만 남의 어려운 사정을 헤아릴 줄 알고 돌봐줄 수도 있다.

성공하려면 투자는 기본이다. 어떤 분야든 투자를 해야만 성공을 향한 첫걸음을 뗄 수 있다. 더욱이 성공한 미래의 나를 위한 투자는 과감해야 한다.

물론 상황이 좋지 않을 경우라면 과감하게 투자하기란 쉽지 않다. 설령 그렇더라도 최소한의 투자는 해야 한다. 공부로 성공하고 싶다면 학원은 돈이 없어서 등록 못해도 책과 노트 정도는 사야 한다.

물건을 팔려면 제품을 써봐야 한다. 그래야 제품의 장단점을 알 수 있고, 좋은 제품에 대한 자신감을 갖고 소비자를 설득할 수 있다.

네트워크 마케팅 사업은 소비자를 찾고 사업자를 발굴해야 하는데,

그러기 위해서는 내가 먼저 소비자가 되어야 한다. 애터미에서는 판매하는 상품 종류가 워낙 다양해서 모두 써볼 수는 없다. 그러나 판매가 많이 되는 주요 제품 정도는 직접 써볼 필요가 있다. 그것은 나 자신을 위한 소비이자 투자이다.

물론 회사 제품을 일절 사용하지 않아도 사업을 할 수는 있다. 그러나 그렇게 하는 사업은 한계가 있다. 내 안에서 믿음이 생겨야 다른 사람에게 자신 있게 권할 수 있는데, 믿음이 없으면 아무래도 설득력이 떨어진다.

나의 경우, 소비자를 찾을 때는 제품을 상세히 설명한다. 그러나 사업을 해보겠다고 찾아오는 사람에게는 처음부터 제품을 권하지는 않는다. 그 이유는 두 가지다.

하나는 시스템과 비전에 대해서 제대로 설명하면 자연스럽게 제품에 대한 확신이 전달되기 때문이다. 제품이 얼마나 좋으면 저렇게 성공을 확신할 수 있을까, 싶어서 직접 제품을 구매해서 써보게 된다.

다른 하나는 선입견 때문이다. 기존의 네트워크 마케팅 회사들은 제품 판매를 최우선 정책으로 삼았다. 판매 수익금을 돌려받는 구조다 보니 지인들에게 제품을 강매하다시피 했다. 또한 직급을 올리려고 한다거나 강등당하지 않으려면 싫든 좋든 간에 제품을 대량으로 구매해야만 했다. 그렇게 산 제품들은 이미 집에서 사용 중인 제품이 대부분이어서, 지인들에게 선물하거나 베란다에 쌓아놓게 마련이다. 실정이 이렇다 보니 겉보기에는 수익이 나도 실제로는 손실을 보는 경우도 허다하다.

나는 누구보다도 이런 사실들을 잘 알고 있기에 굳이 제품을 권하지 않는다. 그러다 보니 애터미 제품을 사용해보지도 않고 사업을 시작하는 사람도 있다. 물론 일정한 시기가 되면 자발적으로 제품을 구입하게 되어 있다. 열심히 사업을 하다 보면 그것이 나를 위한 현명한 소비요, 투자라는 사실을 깨닫기 때문이다.

세상에는 다양한 사람이 있다. 생각도 다 제각각이다. 나는 사업가라면 당연히 판매 제품을 사용해봐야 한다고 생각하지만 그렇게 생각하지 않는 사람도 있다. 물론 개중에는 필요성은 느끼지만 경제적으로 궁핍하다 보니 제품 구매를 차일피일 미루는 사람도 있다. 나는 이 사람들에게는 내 돈으로 제품을 구입해서 선물한다. 혹시라도 부담을 느낄까 봐 이렇게 둘러댄다.

"본사에 들어갔더니 사용해보고 제품 평을 좀 해달라며 몇 개 주더라고요. 사용해보시고 나한테 사용 후기 좀 말해주실 수 있을까요?"

그렇게 말하면 대부분 흔쾌히 수락한다. 며칠 지나고 나면 찾아와서 제품에 대한 평을 해준다. 목소리에도 힘이 실려 있고, 눈빛도 달라져 있다. 제품을 써보고 나서 사업에 대한 확신이 든 것이겠다.

어부가 그물 값을 아까워해서는 물고기를 잡을 수 없는 법. 성공하고 싶다면 나를 위해서 과감하게 투자해야 한다.

Chapter 4
이렇게 하면
대인관계의 달인이 된다

나는 당신이 할 수 없는 일을 할 수 있고,
당신은 내가 할 수 없는 일을 할 수 있다.
따라서 우리는 함께 큰일을 할 수 있다.

_ 마더 테레사

섬기는 사람이 되자

'녹수(綠水) 갈 제 원앙 가듯'이라는 속담이 있다. 둘의 관계가 친밀해서 서로 떨어지지 않고 함께함을 의미하는 말이다. 바늘 가는 데 실 간다는 속담과 비슷한 의미다.

인간관계가 녹수와 원앙 같다면 얼마나 좋겠는가. 그러나 현실은 오히려 그 반대인 경우가 더 많다.

하루는 사업자 한 분이 내게 하소연을 했다.

"내가 네트워크 마케팅 사업을 한다는 게 벌써 소문이 난 건지, 얼굴 좀 보자고 그러면 다들 바쁘다고 피하네요. 내가 불법 사업을 하는 것도 아니잖아요? 그런데 대체 왜들 그러는 걸까요?"

"괜한 선입견 때문에 그러는 거예요!"

일단 맞장구는 쳐주지만 진짜 문제는 그 사업자의 잘못된 인간관계에 있다. 똑같은 일을 해도 찾아가면 반겨주는 사람이 있다. 전화를 받지 않고, 만남을 피한다면 그동안 인간관계를 나 편한 대로만 해온 것은 아닌지 진지하게 돌아봐야 한다.

평소에는 연락이 없다가 자신이 필요할 때나 무언가 부탁할 일이 있을 때만 연락하는 사람들이 있다. 또한 만나면 즐거운 것이 아니라 오히려 기분이 나빠지는 사람도 있다. 대화할 때 상대방의 말은 무시하고 자기 말만 늘어놓는 사람, 우거지상을 하고서 입버릇처럼 신세타령을 늘어놓는 사람, 온갖 불평불만을 터뜨려서 끝내 별것도 아닌 일로 시비를 거는 사람, 상대방의 정치 성향 따위는 고려하지 않고 정치인에게 비방을 퍼붓는 사람, 귀에 담는 것조차 끔찍한 온갖 쌍욕을 입에 달고 사는 사람, 잘나간다고 해서 안하무인인 사람, 상대방의 입장이나 처지는 배려할 줄 모른 채 원리원칙만 따지는 사람이라면 누가 반겨주겠는가.

평소 상대방을 배려해주었던 사람, 어려운 처지에 놓였을 때 제 일처럼 팔을 걷어붙이고 도움을 준 사람, 슬픔에 빠져 있을 때 진심으로 위로를 해줬던 사람이라면 왜 반겨주지 않겠는가. 네트워크 마케팅 사업이 아니라 설령 용서받기 힘든 일을 저지르고 왔다고 해도 기꺼이 도움을 준다. 그 사람의 평소 품성으로 미루어 볼 때 말 못 할 사연이 있었을 거라고 생각하기 때문이다.

인간은 가방끈이 길고 짧고를 떠나서, 재산이 많고 적고를 떠나서, 지위가 높고 낮고를 떠나서 다른 사람에게 인정받고 싶어 하고, 존경받고 싶어 한다. 한 마디로 섬김을 받고 싶어 하는 것이다. 따라서 인간관계는 수평적인 관계가 바람직하지만 마음속으로는 상대방에 대한 인정 내지는 존경심을 지녀야 한다. 그래야 정성을 다해서 섬길 수 있다.

나는 인간관계를 할 때 '섬김'을 기본 원칙으로 삼는다. 나에게 노예근성이 있어서가 아니라 나 또한 섬김받고 싶기 때문이다.

마태복음 7장 2절에 이런 말씀이 있다.

'너희가 비판하는 그 비판으로 너희가 비판을 받을 것이요, 너희가 헤아리는 그 헤아림으로 너희가 헤아림을 받을 것이니라.'

상대방을 비난하면 그 비난이 나에게 돌아오고, 상대방을 배려해주면 그대로 배려받을 것이라는 의미다. 즉, 대접하는 대로 대접받을 것이니 대접받고자 하는 대로 대접하라는 뜻이다.

사람들 위에서 군림하고자 하는 자는 성공하기가 어렵다. 몸과 마음을 낮추고 온 힘을 다해서 세상 사람들을 섬기면 비로소 섬김을 받는 자리에 오르게 된다.

성공하고 싶다면 섬기는 사람이 되어라. 가족도 섬기고, 친구도 섬기고, 지인도 섬겨라. 세월이 지나면 그들이 한마음으로 당신을 가장 높은 곳으로 올려주리니.

작은 인연을 소중히 여기자

'길에 돌도 연분이 있어야 찬다'는 속담이 있다. 아무리 하찮은 일이라도 인연이 있어야 이루어질 수 있음을 의미하는 말이다. 세상일은 결국 인연에 의해서 성패가 결정된다.

세상을 살아가다 보면 뜻하지 않은 곳에서 귀인을 만나게 된다. 처음 만났을 때는 귀인인지조차 모르는 경우가 대부분이다.

나 역시 그랬다. 나는 봉제 공장에 다니다가 철공소 다니던 친구 오빠를 만나 결혼했다. 얼마 뒤 아이도 낳아서 생활비가 쪼들리는데도 남편은 좀처럼 월급을 가져다주지 않았다. 영세 철공소이다 보니 월급이 몇 달째 나오지 않는 건 예삿일이었다.

밀린 월급만 갖다 주기를 손꼽아 기다렸으나 감감무소식이었다. 결국 견디다 못해서 두 살배기 딸아이를 시어머니에게 맡겨두고, 손수레를 구입해서 과일 행상에 나섰다. 가락시장에서 과일을 떼다가 골

목 구석구석을 돌아다니며 팔았다. 매일 같은 곳을 돌아다니다 보니 이내 단골이 생겼다.

하루는 단골 할머니가 부탁을 해왔다.

"이봐요, 새댁! 내가 혼자서 이불 빨래를 하려니까 힘에 부쳐서 그러는데, 빨래 좀 도와줄래요?"

나는 잠깐 생각하다가 대답했다.

"아, 네! 그런데 지금 당장은 좀 어렵고요, 제가 장사 끝내고 와서 도와드릴게요."

할머니는 흔쾌히 그러라고 했다. 나는 할머니와의 약속도 있고 해서 분주히 돌아다니며 과일을 팔았다.

팔던 과일이 좀 남았지만 해가 질 무렵에 할머니 집을 찾아갔다. 할머니는 마당에다 겨울이불을 잔뜩 내놓고 나를 기다리고 있었다. 나는 팔다리를 걷어붙이고 할머니와 함께 이불 빨래를 했다.

그 뒤로도 할머니는 화단 정리나 분갈이 같은 자질구레한 집안일을 부탁해왔다. 나는 매번 마다하지 않고 부탁을 들어줬다.

그러던 어느 날 할머니가 차나 한잔하고 가라며 나를 집 안으로 들였다. 집 안으로 들어서자 할머니가 불쑥 돈뭉치를 내밀었다. 모두 400만 원이었다.

"새댁, 손수레 끌며 장사하려니까 힘들지? 이걸로 트럭이나 한 대 사서 편하게 장사해요."

나는 극구 사양했지만 할머니는 안 갚아도 되는 돈이니 부담 갖지 말고 받으라고 했다. 장사를 나선 첫날부터 나를 유심히 지켜보았다고 했다. 남자도 아니고, 체구도 작은 내가 무거운 손수레를 끌고 다니며 장사하는 모습을 보니 내심 안쓰러웠단다.

"그럼 제가 돈을 벌어서 꼭 갚을게요."

"됐어요! 나중에 돈 많이 벌면 형편이 어려운 사람들을 도와줘요."

할머니는 친자식처럼 나를 끌어안고 등을 토닥거려주었다

나는 곧바로 학원에 등록해서 운전면허를 땄다. 면허를 따자마자 할머니가 준 돈으로 1톤 트럭을 사 봄부터 겨울까지 하루도 쉬지 않고 트럭을 몰았다. 과일도 팔고, 야채도 팔고, 생선도 팔았다. 새벽부터 밤늦게까지 장사를 했다.

시간이 부족해서 집에는 아주 잠깐씩 들렀다. 아이 얼굴만 보고는 곧바로 가락시장으로 달려갔다. 좋은 물건을 받기 위해서, 자진해서 도매상 청소를 도와주었다. 그런 다음 경매가 끝나기를 기다리며 차 안에서 쪽잠을 잤다.

극성을 부린 덕분일까. 돈을 어느 정도 벌기는 했다. 그러나 혼자서 하는 장사인지라 못 견디게 외로웠다. 결국 외로움을 견디다 못해서 장사를 접었다. 장사를 그만두려고 할 때 할머니의 얼굴이 제일 먼저 떠올랐다. 기대에 부응하지 못한 것 같아서 죄송스런 마음이었다.

나는 종종 할머니와의 인연을 떠올리곤 한다. 비록 과일장수와 손님으로 만난 사이지만 나에게는 소중한 인연이다.

네트워크 마케팅 사업을 하다 보면 여러 사람을 만난다. 세상이 바뀌어서 만남의 의미가 다소 퇴색되었다지만 인연의 의미마저 사라진 것은 아니다.

싫든 좋든 간에 한정된 공간 속에서 살아야 했던 과거에는 만남의 지속시간이 길었다. 한 번 만나더라도 오래도록 기억에 남았다.

현대인에게 만남의 지속시간은 고작 48시간에 불과하다. 이틀이 지나면 그 사람과의 만남 자체가 잊히기 시작한다. 인연을 붙들고 싶다면 48시간 안에 다시 연락해야 한다. 딱히 할 말도 없는데 연락하려면 용기가 필요하다. 그래도 인연을 붙들고 싶다면 전화를 걸어서 안부를 묻거나 다시 방문할 필요가 있다. 단지, 그 사람의 이야기를 들어주는 것만으로도 인연은 유지된다.

성공하고 싶다면 작은 인연을 소중히 여겨라. 결국 일을 성사시키는 것은 사람이다. 누가 알겠는가? 우연히 맺은 작은 인연이 당신을 성공의 성으로 안내할지.

입장 바꿔 생각해보자

'내 배 부르면 종의 밥 짓지 말라 한다'는 속담이 있다. 자기가 만족하고 나면 타인의 어려움 따위는 헤아릴 줄 몰라서 돌보아주지 않음을 비유적으로 이르는 말이다.

인간관계를 하다 보면 상당수가 상대방의 입장이나 처지를 헤아리려 들지 않는다. 상대방이 무슨 생각을 하고 있는지는 상관없이 자신의 입장에서 자기 이야기만 쉴 새 없이 늘어놓는다.

"오늘 즐거웠습니다. 다음에 또 봬요."

혼자서 웃고 떠들었으니 자신은 흡족할지 몰라도 상대방도 과연 그럴까?

이런 상황이 몇 차례 이어지면 상대방은 만남을 슬슬 피하기 시작한다. 만남 자체가 괴롭기 때문이다.

2007년, 김형협 감독의 데뷔작인 영화 〈아빠는 딸〉이 개봉되었다.

이 작품은 일본 소설《아빠와 딸의 7일간》이 원작이다. 화장품 회사에 다니는 만년과장 원상태(윤제문 분)와 17살 여고생 원도연(정소민)이 어느 날 갑자기 몸이 바뀌면서 벌어지는 일을 코믹하게 그리고 있다. 딸은 아빠가 다니는 화장품 회사에 출근해서 일하며, 치열하게 살아 가야만 하는 아빠를 이해하게 된다. 또한 아빠는 답답한 여고생의 일상을 체험하며 까칠할 수밖에 없었던 딸을 이해하게 된다.

각자의 삶에 치여서 자신만 알다가 서로의 몸은 물론이고 마음까지 속속들이 알게 되면서 아빠와 딸이 가까워진다는 영화의 내용을 한 마디로 줄인다면 '역지사지'다. 즉, 몸이 바뀜으로서 입장 또한 바뀌어서, 서로를 깊이 생각해보는 계기가 된 것이다.

인간관계를 잘하려면 입장을 바꿔 생각해볼 줄 알아야 한다. 그러나 인간은 나만 아는 이기적인 존재라서 말처럼 쉽지 않다. 내 손톱 밑의 가시가 남의 다리 부러진 것보다 더 아프다는 말도 있지 않은가.

역지사지를 실천하기 어려운 이유는 두 가지다.

첫째, 정보 부족이다. 정보는 관심에서부터 시작된다. 중요한 협상을 하러 갈 때는 사전에 정보를 얻는다. 상대방이 원하는 것이 무엇인지부터 시작해서 협상하러 나오는 사람의 성격이나 취향까지 파악한 뒤 협상 테이블에 앉는다.

사전에 정보를 얻지 못했다면 대화 중에라도 집중해서 상대방의 말을 경청해야 한다. 내가 하고 싶은 말보다 더 중요한 것이 상대방의 말이다. 무슨 말을 하는지 제대로 듣고 이해해야만 상대방의 현재 상황이나 처지, 생각 등을 파악할 수 있다.

그렇게 모은 정보를 근거로 상대방의 입장에서 충분히 생각해본 뒤, 애초에 내가 하고 싶은 말과 잘 섞은 다음 입을 열어야 한다. 그래야만 내 생각을 제대로 전달할 수 있다.

둘째, 귀찮고 번거롭기 때문이다. 경청을 잘해서 상대방의 처지나 입장을 파악하였더라도, 막상 그것을 반영해서 상대방을 배려해주려고 하면 귀찮다는 생각이 먼저 들게 마련이다. 이는 배려해주는 습관이 몸에 배어 있지 않기 때문이다.

네트워크 마케팅 사업을 하면서 만난 사람 중에는, 사용해보고는 싶지만 배우자가 화를 낼까 봐 혹은 제품에 대한 선입견 때문에 제품 구매를 거부하는 사람이 있다. 또한 사업을 해보고는 싶은데 체면 때문에 주저하는 사람, 경제적으로 몹시 어려운 처지에 있다 보니 망설이는 사람도 있다.

이들 대부분은 상황의 벽에 부딪쳐 물러선 셈이다. 이때 내가 하고 싶은 말만 해서는 이 문제를 절대로 해결할 수 없다. 그 대신 상대방의 입장에서 먼저 생각해보고 난 뒤 해결 방법을 찾으면 어렵지 않게 풀어낼 수 있다.

인간관계를 잘하고 싶다면 입장 바꿔 생각해보는 습관을 길러야 한다. 당신도 누군가가 속사정을 들어주고 배려해주면 기쁘지 않은가? 인간은 모두가 같은 마음이다. 내 입장만 생각하지 말고 상대방의 입장에 서서, 상대방이 원하는 것을 들어줘라. 그렇게 인연을 맺은 사람은 쉽게 잊지 못한다.

먼저 다가가서 마음을 열어라

'길동무가 좋으면 먼 길도 가깝다'는 속담이 있다.

나쁜 사람을 사귀면 인생이 고달프다. 그러나 좋은 사람을 사귀면 세상살이도 즐거워지고, 고난에 부딪쳐도 쉽게 이겨낸다. 우리는 누구나 사랑받고 싶어 한다. 좋은 사람을 만나 멋진 사랑을 하고 싶고, 좋은 친구를 만나 즐거운 시간을 보내고 싶어 한다. 그러나 먼저 다가갈 용기가 없어서 혼자 외롭게 살아가는 사람들이 많다.

우리의 가족 구조가 대가족에서 핵가족으로 바뀌었다. 행정안전부에서 발표한 2021년 3분기 자료에 의하면 1인 가구는 전체 가구의 40.1%, 2인 가구는 23.8%다. 혼자 살아가거나 둘이서 살아가는 가구가 무려 63.9%에 이른다. 반면 3인 가구는 17.1%, 4인 이상 가구는 19.0%에 불과하다.

한마디로, 세상에는 외로운 사람이 지천으로 널렸다. 컴퓨터 앞에 앉아서 인터넷 서핑이나 게임을 하거나, 텔레비전 앞에서 이리저리 채널을 돌리거나, 휴대폰을 만지작거리면서 고독을 이기기 위해서 몸부림친다.

그러나 고독은 그런 식으로 해결할 수 있는 것이 아니다. 혼자서 시간을 물처럼 펑펑 사용하다 보면 고독이 사라지기는커녕 점점 깊어진다.

반려동물을 키우는 가구가 점점 늘어나는 것도 이와 무관하지 않다. 그러나 아무리 반려동물이 귀엽다고 해도 말이 통하지는 않는다. 물론 사람보다 나을 때도 있겠지만 완전히 사람보다 나을 수는 없다.

현대인들의 삶은 고독하다. 따라서 내가 먼저 용기를 내서 다가가면 상대방도 어렵지 않게 마음을 연다. 대화란 특별한 목적이 없어도 그 자체로 즐거운 것이다. 누군가와 대화하고 소통한다는 것 자체가 살아가는 커다란 즐거움 중 하나이다.

그렇다고 해서 아무런 대책 없이 성큼 다가서면 겁을 집어먹고 뒤로 물러선다. 낯선 사람을 경계하는 건 인간의 본능이다. 혹시 자신을 해치거나 손해를 입힐지도 모른다는 두려움에 몸이 자동으로 반응하는 것이다. 이는 오랜만에 만난 지인이라도 마찬가지다. 한동안 연락 없던 사람이 불쑥 나타나면 경계하게 마련이다.

낯선 사람을 만났다면 우선 자신의 정체를 밝혀야 하고, 오랜만에 만난 지인이라면 먼저 찾아온 목적을 밝혀야 한다. 그래야 경계심을 거둔다.

인간은 저마다 성격도 다르고 성향도 다르다. 네트워크 마케팅 사업에서는 사람들을 설득해야 일이 진행된다. 지인들은 성격이나 성향

을 파악하고 있다면 아무래도 설득하기가 쉽다.

여러 말 필요 없이 "이거 한번 써보세요. 내가 써보니까 좋더라고요!"라고 말하면 끝인 사람도 있다. 제품에 대해서 상세하게 설명해 줘야만 하는 사람도 있고, 먼저 사용해보고 나서 마음에 들면 제품을 구매하는 사람도 있다. 어떤 부류의 사람이냐에 따라서 거기에 맞게끔 설득하면 된다.

문제는 그리 친한 사이가 아니거나 처음 본 사람인 경우다. 정보가 부족하다 보니 마음의 문을 열기가 쉽지 않다.

오랜만에 보거나 처음 만나게 되면 아무래도 어색하다. 그럴 때는 내 이야기를 한동안 늘어놓거나 상대방에 대한 가벼운 칭찬을 해준다. 그럼에도 불구하고 상대가 마음의 문을 꼭 닫고 있다면 간단한 선물만 건네주고 그날은 돌아서는 것이 바람직하다.

그날 얻은 정보를 바탕으로 두 번째 만남에서 본격적으로 설득하라. 성향이나 성격을 대충이라도 파악했다면 반은 성공한 셈이다.

오랫동안 사업을 하며 깨달은 것 중 하나는 인간은 모두가 외롭다는 사실이다. 그들은 누군가가 먼저 다가와서 친근하게 말을 붙여주기를 기다리고 있다. 성공하고 싶다면 주저하지 말고 먼저 다가가라. 당신이 먼저 마음의 문을 열면 상대방의 마음의 문도 쉽게 열린다.

어떻게 비즈니스에 초대할 것인가

"나 자신에 대한 자신감을 잃으면 온 세상이 나의 적이 된다."

미국의 시인이자 사상가인 랠프 왈도 에머슨의 명언이다.

자신감은 일을 성사시키는 데 반드시 필요한 덕목이다. 만약 능력이 비슷하다고 가정해본다면 일의 성패는 자신감에 의해서 결정된다.

프로 운동선수들은 저마다 자신감이 넘친다. 그래야만 감독의 눈에 들어서 시합에 출전할 수 있고, 세계적인 선수들과 동등하게 경쟁할 수 있기 때문이다.

성공한 사업가도 자신감이 넘친다. 어려운 일일지라도 해낼 수 있다는 자신감이 없다면 그 무엇도 이룰 수 없다. 그들은 자신감이 곧 성공의 비결임을 알기에 항상 자신감에 넘쳐 있다.

네트워크 마케팅 사업을 시작할 때는 제일 먼저 목표를 세우고 결의를 다진다. 그런 다음 명단을 작성하고, 그들을 비즈니스에 초대하기 위해서 전화를 하고 방문을 한다.

어떻게 생각하면 무척 간단한 일이다. 생전 처음 보는 사람들도 아니라서 전화를 걸거나 방문을 해도 어색하지 않다. 하지만 막상 시작해보면 그렇게 간단하지 않다. 초보인 데다 자신감마저 부족하다면 시작부터 절망하고 만다. 자신감이 넘쳐도 '불법 피라미드'라는 선입견과 맞서 싸워 이기기란 쉽지 않다. 그런데 자신감마저 부족하다면? 성공 확률은 점점 낮아진다.

사업을 시작하고서 처음으로 초대를 시도해보는 대상은 대개가 친한 친구이다. 다른 사람은 몰라도 이 친구만큼은 초대에 응해주리라 예상하고 다가갔는데, 계획대로 되지 않으면 의지가 단숨에 꺾인다.

절친한 사이라도 초대에 성공하기 위해서는 전략적으로 접근해야 한다. 성격이나 성향은 이미 파악하고 있을 테니 이를 십분 활용해야 한다. 또한 친한 친구가 여럿 있다면 그중에서 반드시 초대에 응해줄 사람부터 공략해야 한다. 첫 번째 단추를 잘 꿰어야만 모든 일이 순조롭게 마련이다. 작은 성취감일지라도 맛보고 나면 용기도 생겨서 사업을 계속 이어갈 수 있다.

초대를 하는 데서도 전략 못지않게 필요한 것이 자신감이다. 자신감은 뚜렷한 목표 설정과 주도적인 삶을 살기 위해서라면 어떠한 대가도 지불할 수 있다는 굳은 결의에서 나온다. 초대할 때는 상대방에게 나의 자신감이 충분히 전해져야 한다. 그래야만 네트워크 마케팅에 대한 상대방의 편견 내지는 오해를 깨뜨릴 수 있다.

자신감은 없지만 어떻게든 초대하려고 하는 사람들이 흔하게 저지르는 실수는 간청이다. 싫다고 하는데도 친분을 이용해서 막무가내로 매달려서 허락을 얻어낸다. 이런 식의 초대는 사업 파트너는 물론이고 소비자가 되게 하기조차 어렵다. 자발적으로 사업 설명회에 참석한 것이 아니라서, 듣는 둥 마는 둥 하기 때문이다.

사람을 설득하는 데는 여러 방법이 있다. 친한 사이라면 '내가 부자가 되려고 하는데 날 한 번만 도와줄래?'라고 부탁하면 한번쯤은 도와준다. 그러나 딱 거기까지다.

나는 초대할 때 부탁하지 않는다. 그들에게 나를 도와달라고 하지 않는다. 오히려 내가 도움을 주겠노라고 당당하게 말한다.

"너도 알다시피 내가 부자 되는 길을 오랫동안 찾아다녔잖아. 그런데 마침내 방법을 찾았어! 확실하게 부자로 만들어줄 테니까 내가 하자는 대로 해볼래?"

부자를 만들어주겠다는데 싫어하는 사람이 있을까. 자신감을 갖고서 상대방의 정보를 충분히 활용해서 설득하면 귀가 솔깃해지게 마련이다.

이때 상대방을 설득하는 말에는 진심이 담겨 있어야 한다. 그 순간만 잘 넘기기 위해서 마음에도 없는 말을 할 경우, 상대방은 자신을 이용하려는 것으로 오해할 수도 있다.

"제가 부자 만들어드리겠습니다!"

나는 이 말을 자주 사용한다. 이는 한 치의 가식도 없는 진심이다. 내가 이 사업을 통해서 성공했기에, 그 방법을 누구보다 잘 알고 있어서 하는 말이다.

성공하고 싶다면 먼저 자신감을 가져라. 당신의 가슴속에 자신감이 차고 넘칠수록 비즈니스에 초대하기도 쉬워진다.

칭찬할 거리를 찾아서 칭찬해주자

고슴도치도 제 새끼는 함함하다고 한다. 고슴도치는 털이 뻣뻣하고 거세다. '함함하다'는 털이 보드랍고 반지르르하다는 뜻이다. 즉, 칭찬받을 만한 일이 아니더라도 추켜세워주면 기뻐한다는 의미이다.

언제든 어디서든 누구에게든, 칭찬받고 싶고 인정받고 싶은 것이 인간의 마음이다. 칭찬이나 인정에는 누구나 약해서 마음을 쉽게 연다. 그러나 성공한 사람이나 자존감이 높은 사람은 칭찬을 많이 듣기에 빤한 칭찬은 오히려 역효과를 내기도 한다. 그런 사람들을 칭찬하려면 어느 정도 공을 들여야 한다.

칭찬은 누구나 할 수 있다. 하지만 잘하는 것은 쉽지 않다. 칭찬은 말장난이 아닌, 관심과 관찰의 산물이기 때문이다.

마음을 흔드는 칭찬을 하려면 눈에 보이는 것만 해서는 그다지 효과가 없다. 몸매도 좋고 이목구비도 반듯한 이에게 "참 미인이시네요!"라고 해봤자 별 감흥이 있을 리 없다. 어려서부터 그런 말을 얼마나 많이 들어왔겠는가.

그럴 때는 차라리 몸매를 칭찬하는 편이 낫다. "저도 몇 번 도전해봐서 아는데 몸매 관리가 쉽지 않더라고요. 도대체 그런 몸매를 유지할 수 있는 비결이 뭔가요?"라고 물으면 칭찬도 되고, 자연스럽게 대화도 이어나갈 수 있다.

평소 상대방에 대해 관심을 갖고 있다면 좀 더 멋진 칭찬을 할 수 있다.

"한 달 전에 만났을 때 사이클 동호회에 가입했다고 하셨죠? 그동안 운동 열심히 하셨나 봐요. 얼굴도 좋아지셨고, 몸매도 훨씬 단단해지셨어요."

사실에 근거한 칭찬이기에 이런 칭찬을 들으면 상대방은 자신의 노력이 결실을 맺은 것 같아서 기분이 좋아질 수밖에 없다.

나는 한때 심심풀이 삼아 관상과 사주팔자를 공부했다. 그래서 처음 만나는 사람에게는 관상에 좋은 점이 있으면 칭찬해준다.

"아버지도 자식도 부자가 될 상이네요. 관상학에서 콧등에 난 점은 당사자가 부자가 되고, 눈썹에 난 점은 자식이 대성할 점으로 보거든요. 콧망울 양옆에서 입술까지 뻗어 있는 법령이 길고 가지런해서 말년까지 부귀영화를 누릴 상이에요."

관상이 좋다는데 싫어할 사람은 없다. 거기다가 말년까지 부귀영화를 누린다고 하는데 누가 싫어하겠는가. 비록 거짓말일지 몰라도 믿고 싶은 것이 인간의 심정이다.

"제가 정말 부자 상이에요? 가난하게 살지는 않았지만 그렇다고 재물을 크게 모으지도 못했거든요."

"기회를 매번 놓치셨나 보네요. 지금부터 잡으면 되죠."

대화가 여기까지 진행되면 설득하기가 수월하다. 말이 씨가 된다고, 그렇게 시작해서 정말로 부자가 되는 사람도 꽤 있기 때문이다.

관상학적으로 딱히 칭찬할 거리가 없는 사람은 이름을 갖고 칭찬해준다. 사주팔자에는 납음오행이 있지만 이름에는 자음오행이 있다. 이름만으로 간단하게 사주를 볼 수 있다. 여기에도 최소한의 정보가 필요하다.

"성함이 김영진이라고 하셨죠? 목극토하고 토생금하니, 초년에는 고생했지만 자수성가하시겠네요."

자신에 대한 이야기를 하면 장님도 눈을 번쩍 뜨고, 귀머거리도 귀를 쫑긋한다는 말이 있다. 칭찬거리를 찾아서 좋은 이야기를 해주는

데 마다할 사람이 있겠는가. 그렇다고 해서 지나친 욕심을 부려서는 안 된다. 어떻게든 마음을 사로잡아야겠다는 생각에 아무 근거도 없는 칭찬을 늘어놓으면 그때는 통할지 몰라도 이내 거짓임이 들통 나 역효과를 불러온다.

성공하고 싶다면 칭찬을 적절히 사용할 줄 알아야 한다. 그러기 위해서는 평소 주변 사람들에게 관심을 가져야 하며, 관찰을 생활화해야 한다.

논쟁하지 말고 대화하자

'장비하고 쌈 안 하면 그만이지'라는 속담이 있다. 삼국지의 장비는 싸움을 잘한다. 하지만 상대편이 아무리 싸움을 잘해도 이쪽에서 상대하지 않으면 싸움은 일어나지 않는다는 의미이다.

대화의 목적은 서로의 생각과 의견을 교환하는 데 있다. 일방적으로 내 생각과 의견을 전달해서도 안 되고, 상대방의 생각과 의견만 들어서도 안 된다.

대화의 기본은 경청이다. 상대방의 말을 잘 들을수록 소통이 원활해서, 내 생각과 의견을 전달하기가 쉬워진다. 그런데 대다수가 경청보다는 자신의 생각이나 의견을 전달하려고 안달한다. 상대방의 말은 듣지 않고 서로가 자기 말만 해서는 제대로 된 대화라 할 수 없다.

네트워크 마케팅 사업을 하다 보면 잠재적 소비자와 논쟁하는 경우가 있다. 의욕이 넘치다 보면 종종 일어나는 일이다. 서로의 입장이나 생각이 다르다 보니 설득 과정에서 의견이 충돌하는 것인데, 그럴 때는 뒤로 한발 물러서야 한다. 그렇지 않고 어떻게든 설득해보려고 무리수를 두다 보면 격렬한 논쟁으로 번지고 만다.

그런데 상대방의 말이 사실과 다르다 하더라도 굳이 그것을 밝힐 필요는 없다. 시간이 지나면 저절로 밝혀지게 마련이다.

논쟁으로 얻을 수 있는 것은 아무것도 없다는 사실을 항상 기억해야 한다. 논쟁에서 내가 진다면 화가 솟구쳐 기분이 엉망이 될 것이고, 이긴다면 상대방은 열패감 내지는 수치심을 느낄 것이다. 한번 멀어진 마음은 다시 돌아오지 않는다.

논쟁을 피하려면 상대방이 내 생각과 다른 의견을 펼치더라도 받아들이려는 의도적인 노력이 필요하다. 어떻게 보면 내 생각의 틀을 넓힐 좋은 기회일 수 있다.

순간적으로 반박하고 싶은 기분이 들더라도 자제하고, 상대방의 말에 귀를 기울여라. 내가 여유를 갖고 한발 물러서면, 상대방도 그러하게 마련이다.

상대방의 생각과 나의 생각이 다른 점을 찾다 보니 논쟁으로 번지는 것이다. 일치하는 점을 찾으려고 노력하면 훌륭한 대화가 된다.

"그 부분에 대해서는 저도 같은 생각입니다. 그러고 보니까 우리가 통하는 점이 있네요."

대화를 하다 보면 오해가 생기게 마련이다. 만약 실수나 잘못된 점을 발견했다면 그 즉시 사과할 필요가 있다.

"죄송합니다. 원래는 그런 의도로 한 말은 아니었는데, 듣고 보니까 그렇게 받아들일 수도 있겠다는 생각이 드네요."

나와는 완전히 다른 의견이지만 조금이라도 생각해볼 가치가 있다고 판단되면 겸허하게 받아들여야 한다.

"좋은 말씀, 감사합니다. 제가 시간을 갖고 곰곰이 생각해보겠습니다."

상대방의 의견을 포용하려는 태도는 상대방의 공격을 무력화시킴과 동시에 상대방에게 호감을 줄 수 있다.

만약 상대방이 같잖은 충고나 조언 혹은 비판을 하더라도 그 즉시 반발하면 논쟁이 된다. 이때 아무리 듣기 싫은 말이라도 찾아보면 좋은 점이 하나쯤은 있게 마련이다. 그 점에 초점을 맞춰서 대화를 이어나가라.

"저에게 관심 가져주셔서 감사합니다. 노력해보겠습니다."

항상 논쟁은 피하고 대화를 이어가겠다는 자세를 지닐 필요가 있다. 나와 생각이 정확하게 일치하는 사람이 과연 몇이나 있겠는가. 저마다 생각이 다르니 의견 또한 다를 수밖에 없다.

중요한 것은 논쟁에서 이기는 것이 아니라, 대화를 통해서 나의 생각과 의견을 상대방에게 얼마만큼 전하느냐는 것이다. 성공하려면 논쟁이 아닌 대화를 해야 한다. 그러기 위해서는 상대방의 다른 생각과 의견을 수용하려는 마음의 자세가 필요하다.

마음에 부담을 주지 마라

'숭어와 손님은 사흘만 지나면 냄새난다'는 속담이 있다. 아무리 반가운 손님일지라도 눈치 없이 너무 오래 묵으면 부담이 되고 귀찮은 존재가 됨을 이르는 말이다.

영업을 하다 보면 본의 아니게 마음의 부담을 줄 때가 있다. 상대방의 기분은 고려하지 않고 내 기분에 취해서 신나게 떠들다 보면, 상대방의 귀한 시간을 빼앗게 된다. 아무리 가까운 사이일지라도 부담을 느낄 만큼 시간을 빼앗아서는 안 된다. 상대방의 생각도 파악했고, 내가 하고 싶었던 말도 했다면 자리에서 일어나는 게 좋다.

무슨 일이든 초창기에는 의욕이 넘치게 마련이다. 네트워크 마케팅 사업을 잘해보려고 욕심을 부리다 보면 부담을 주기 쉽다. 오랜만에 만난 사이인데 제품 설명을 지나치게 상세하게 할 경우, 마치 사라는 소리처럼 들려서 상대방이 부담스러워할 수 있다.

"나 요즘 피부가 좋아진 것 같지 않아? 우리 회사 제품이어서 하는 이야기가 아니라, 내가 써봤더니 정말 좋더라!"

이 정도로만 말해도 의견은 충분히 전달된다. 관심이 있다면 제품에 대해서 인터넷으로 찾아볼 테니까.

사업 초창기에는 멀리 내다보는 안목이 부족하다. 중요한 것은 제품을 하나 파는 것이 아니다. 잠재적 소비자에서 충성적인 소비자로 바뀌느냐, 시스템과 비전에 매료되어서 사업자가 되느냐 하는 것이다.

마음의 부담을 갖고 제품을 구입할 경우, 일회성으로 끝날 가능성이 높다. 제품을 사줌으로써 도움을 주었다고 생각하기 때문이다. 이러한 도움은 인간의 심리상 꾸준히 주기가 어렵다. 도움을 주는 것을 자신이 손해를 감수하는 것이라고 생각하기 때문이다.

예전에 네트워크 마케팅 회사에서 일할 때는 지인들에게 대놓고 도움을 요청하기도 했다. 매월 정해진 판매량을 올려야만 직급을 유지

할 수 있었기 때문이다.

"나 한 번만 도와줘라! 이 제품이 말이야, 우리 회사에서 가장 잘 나가는 건데…."

제품에 대한 설명을 구구절절 늘어놓으며 도움을 요청하면 거절하기가 어려워진다. 성의를 무시하는 것 같아서, 도와준다는 마음으로 사준다. 그런 식으로 그달은 어떻게 넘긴다고 해도 다음 달이 되면 다시 고민이다. 나 혼자 제품을 소비하는 것만으로는 직급을 유지할 수 없기 때문이다. 그렇다고 매번 주변 사람들에게 요청할 수도 없다. 그들도 도와주는 데는 한계가 있기 때문이다. 그러니 마감 때만 되면 골머리를 앓곤 했다.

애터미에서 사업을 시작할 때는 아예 전략을 바꿨다. 도움을 요청하지도 않고, 일절 마음의 부담도 주지 않기로. 나는 제품 설명보다는 애터미의 시스템과 비전을 전하는 데 집중했다. 소비자임과 동시에 판매자가 되어서 부자가 되는 법을 알려주었다.

방문을 해도 상대방의 업무와 성향에 따라서 머무는 시간을 달리했다. 바쁜 사람에게는 짧지만 강력하게 내 생각을 전했고, 사람을 만나는 것을 좋아하거나 한가한 사람과는 좀 더 많은 시간을 보내면서 설득했다.

말로 하는 설득은 한계가 있다. 인간은 원래 의심이 많은 존재이기 때문이다. 제품이 아무리 좋다고 해도, 네트워크 마케팅 회사 제품에 대한 불신을 쉽사리 거두지 않는다.

그래서 나는 제품을 선물한다. 물론 순수한 의미의 선물마저도 불순한 의도로 받아들이는 사람도 있기 때문에 최대한 마음의 부담을 주지 않으려고 노력한다. 제품에 대한 상세한 설명과 함께 가격을 알려주면 생색이야 나겠지만 마음의 부담을 느끼게 된다. 그래서 나는 본사에서 공짜로 얻은 제품이라거나 영업용으로 나오는 제품이라는 식으로 둘러댄다. 그냥 주면 방치하거나 버릴 수도 있으니, 제품에 대한 사용 후기를 알려달라거나 설문조사에 참여해달라고 부탁한다.

마음의 부담은 사람을 멀어지게 한다. 성공하고 싶다면 마음의 부담을 덜어줄 수 있는 나름의 방법을 찾아야 한다. 부담 없이 언제든 만날 수 있는 사이여야 충성스러운 소비자나 사업자가 될 수 있다.

신뢰가 기적을 만든다

랠프 왈도 에머슨은 다음과 같이 말했다.

"누군가를 신뢰하면 그들도 너를 진심으로 대할 것이다. 누군가를 훌륭한 사람으로 대하면 그들도 너에게 훌륭한 모습을 보여줄 것이다."

인간관계에서 신뢰는 기본이다. 신뢰가 없다면 영원한 타인으로 남는다. 정을 나눌 수도, 함께 일을 도모할 수도 없다.

성공에 대한 믿음은 나 자신에 대한 신뢰에서부터 시작된다. 아무리 훌륭한 시스템과 비전을 지니고 있어도 나를 신뢰하지 못하면 성공할 수 없다. 이 세상에서 나 자신에 대해서 나만큼 잘 아는 사람은 없다. 내가 어떤 사람인지는 내가 알고 있다.

불성실한 사람이거나 의지가 박약한 사람은 자신을 신뢰하지 못한다. 일을 시작할 때는 남다른 의욕을 보여준다고 해도 오래가지 못한다. 고난이 닥치면 '내가 하는 일이 뭐, 그렇지!'라며 쉽사리 포기해버린다.

성실한 사람이거나 불굴의 의지를 지니고 있는 사람은 자신을 신뢰한다. 비록 수많은 실패를 겪었더라도 단지 운이 없었을 뿐이라고 생각한다.

나 역시 그랬다. 다양한 일을 하며 세상을 살아왔고, 그 일 중 상당수가 실패로 끝났지만 나는 스스로를 신뢰했다. 언젠가는 반드시 성공할 수 있으리라는 믿음이 있었다. 이러한 믿음이 역경 속에서도 나를 계속 전진하게 했다.

인간관계에서 신뢰는 하루아침에 이루어지지 않는다. 오랜 세월에 걸쳐 차차 쌓인다.

주변 사람들은 대체적으로 나를 신뢰한다. 성실하게 살아왔고, 한번 한 약속은 사소한 것일지라도 지키려고 노력했기 때문이다.

하지만 가족에게는 신뢰를 얻지 못했다. 가족의 신뢰를 얻으려면 열심히 사는 것만으로는 부족하다. 어떤 식으로든 반드시 성과를 내야만 한다.

실패를 예감하면서 사업을 시작하는 사람이 있겠냐마는 나는 가족들 앞에서 매번 호언장담했다.

"이번에는 반드시 성공할 수 있어!"

그러나 사업은 내 뜻대로 흘러가지 않았다. 내가 바라던 상황과 반대되는 상황이 펼쳐지면서 나는 조금씩 신뢰를 잃어갔다. 그렇게 몇번 같은 상황이 반복되면서 결국, 내가 콩으로 메주를 쑨다고 해도 믿지 않겠다는 말까지 들었다.

특히 애터미에서 사업을 시작할 때 가족들은 작은 기대조차 하지 않았다. 말린다고 해서 들을 성격도 아님을 알기에 다소 경멸하는 눈빛으로 나를 바라보았다.

이렇듯 시작은 초라했지만 가족의 신뢰를 복구하기까지 오랜 시간이 걸리지는 않았다. 내가 네트워크 마케팅으로 성공을 거두자 그제야 가족들은 내 말에 귀를 기울였다. 딸과 사위도 부자를 만들어주겠다는 내 말을 믿고, 네트워크 마케팅 사업을 하고 있다.

인간관계에서 신뢰를 얻으려면 항상 네 가지를 기억해야 한다.

하나, 성실한 모습을 보여준다.

평소에 성실하게 살아야 한다. 약속 시간을 잘 지키며, 한번 입 밖으로 뱉은 말은 손해를 감수하는 한이 있어도 반드시 지켜야 한다.

둘, 이익을 나눠야 한다.

함께 일을 했는데 이익이 생겼다면 나눠 가져야 한다. 혼자 이익을 독차지하면 사람들로부터 신뢰를 잃고 만다.

셋, 능력을 발휘해야 한다.

아무리 성실하고 착한 사람이라도 무능력하다면 신뢰할 수 없다. 자신의 분야에서 능력을 발휘해야 한다. 만약 능력이 부족하다면 따라붙기 위해서 노력하는 모습이라도 보여줘야 한다. 처음부터 완벽한 사람이 어디 있겠는가. 열심히 하다 보면 능력을 갖추게 되고, 자연스럽게 사람들로부터 신뢰를 얻게 된다.

넷, 성과를 내야 한다.

목표를 제시했다면 가시적인 성과를 내야만 신뢰할 수 있다. 원대한 목표는 있는데 성과가 없다면, 점점 신뢰를 잃을 수밖에 없다.

사업을 할 때 신뢰는 대단히 중요하다. 네트워크 마케팅 사업 역시 마찬가지다. 나를 신뢰하고 파트너를 신뢰하고 동료를 신뢰해야 한다. 내가 신뢰를 얻기 위해서 노력하면 그들 또한 나의 믿음에 보답하기 위해서 노력한다.

결국 사업을 성공시키는 것은 신뢰이다. 세월이 흘러서 신뢰가 쌓이면 기적이 일어난다.

만나고 싶은 사람이 되어라

'제 인심 좋으면 초나라 가달도 사귄다'는 속담이 있다. 나만 착하고 인심 좋으면 몹시 험상궂고 심보가 사납기로 유명한 초나라의 가달조차도 사귈 수 있다는 의미이다. 즉, 마음씨만 고우면 이 세상 누구하고도 잘 사귈 수 있음을 비유할 때 쓰는 말이다.

인간은 자신의 이익에 민감하게 반응한다. 그래서 나에게 이익을 주는 사람은 좋은 사람, 나에게서 이익을 빼앗아가는 사람은 나쁜 사람으로 인식한다.

인간관계를 잘하려면 자신의 것을 나눠 주거나 양보하는 미덕을 발휘해야 한다. 내 것만 아득바득 챙기는 사람이라면 누가 함께하려고 하겠는가. 특히 조직이나 팀을 이끌어나가는 리더라면 이 점을 명심해야 한다.

2005년 개봉한 박광현 감독의 〈웰컴 투 동막골〉에 재미있으면서도 의미심장한 장면이 나온다.

본대에서 낙오한 북한군과 남한군이 어쩌다가 오지산골 마을에서 불편한 동거를 하게 된다. 북한군 장교는 산골 마을이 순조롭게 돌아가는 것을 보고 마을 이장에게 묻는다.

"이장 동무! 주민들도 행복해하고 마을도 이렇게 잘 돌아가는데, 대체 이토록 위대한 영도력의 비밀이 뭡니까?"

그러자 백발이 성성한 이장은 허연 수염을 쓸며 이렇게 대답한다.

"뭘 좀 마이 멕여야지, 뭐."

평범한 한 마디지만 삶에 대한 이장의 세계관을 엿볼 수 있다.

만나고 싶은 사람이 되려면, 사람들의 발길이 끊이질 않는 그런 장소를 만들려면 무언가를 제공해야만 한다. 스타벅스가 성공한 비결도 단순히 커피를 파는 곳이 아닌 '문화를 판다'는 정신으로 고급스런 서비스를 제공했기 때문이다.

인간관계를 잘하기란 어떤 사람에게는 쉽지만 어떤 사람에게는 난해한 방정식보다도 어렵다. 한 번 만나고 영영 끝나는 관계가 아니라, 다시 만남을 이어가고 싶은 사람이 되려면 다섯 가지를 명심하자.

하나, 진심으로 기뻐한다.

만남 자체를 기뻐해야 한다. 누군가를 만났는데 내가 진심으로 기뻐하고 즐거워한다면 나의 마음이 상대방에게 전달된다. 환영받은 기분이 들기 때문에 다음에도 다시 만나고 싶어진다.

둘, 관심을 보인다.

사람들은 관심을 받고 싶어 한다. 누군가를 만났다면 하던 일은 접고, 들여다보고 있던 휴대폰은 내려놓아라. 지난번에 나눴던 사소한 일이라도 기억해내서 끄집어내면 상대방은 내심 좋아한다. 또한 상대방이 말을 할 때는 눈을 반짝이며 경청하라. 그러한 태도는 상대방으로 하여금 존중받고 있다는 기분이 들게 한다.

셋, 한 마디 말이라도 따뜻하게 한다.

같은 말이라도 차갑게 하는 사람이 있고, 따뜻하게 하는 사람이 있다. 이는 말하는 습관에 따른 것인데, 이왕이면 따뜻하게 하자. 가슴 아픈 이야기나 상처 입은 이야기를 들었다면 충분히 공감하고 있다는 사실을 전할 필요가 있다. 위로를 할 때는 말로만 하지 말고, 손을 잡아주거나 두 팔을 벌려서 안아주어 상대방의 마음이 따뜻해지게 하자.

넷, 호의를 베푼다.

호의는 선물 같은 경제적인 것도 가능하지만 마음만으로도 베풀 수 있다. 누군가가 사무실에 방문했다면 손수 차를 타주거나 한발 앞서서 문을 열어주는 등의 사소한 행동만으로도 상대방은 따뜻함을 느낀다.

다섯, 다음을 기약한다.

하고 싶은 말이 많더라도 한 번의 만남으로 모두 다 마치려는 욕심을 부리지 말아야 한다. 약간의 아쉬움을 남겨두고 일어서는 편이 좋다. 그래야 다음 만남을 기대할 수 있다.

다시 만나고 싶은 사람이 있듯이 다시 찾아가고 싶은 장소도 있다. 만약 회사를 운영하고 있다면 단순히 업무 때문에 찾는 장소가 아니라 업무가 아니더라도 찾아가고 싶은 장소로 만들어야 한다.

서울위드조아센터에서는 누구나 정겹게 반겨주고, 누구에게나 따뜻한 식사를 제공한다. 그러다 보니 따뜻한 분위기가 좋아서 매일 센터에 출근하는 사람들도 있다.

누구나 만나고 싶은 사람이 되고 찾아가고 싶은 장소를 제공할 수 있다면 성공은 그리 어렵지 않다. 성공으로 가는 데 필요한 나머지 일들은 그렇게 모여든 사람들이 머리를 맞대고 의견을 교환한 뒤, 척척 알아서 해나간다.

항상 준비하고 있어라

'솥 씻어놓고 기다리기'라는 속담이 있다. 재료를 넣기만 하면 곧바로 끓일 수 있게 솥을 깨끗이 씻어놓고 기다린다는 뜻이다. 즉, 모든 준비를 마치고 기다리고 있음을 비유하는 말이다.

등산을 하다 보면 좋았던 날씨가 갑자기 돌변해서 폭우가 쏟아지기도 한다. 초보자들은 당황해서 어쩔 줄 몰라 하다가 비를 쫄딱 맞는다. 비만 맞으면 다행인데, 계곡에 갇혀서 고립된 채 구조를 요청하기도 한다.

반면 경험이 많은 등산객은 만반의 준비를 하고 있다. 갑자기 폭우가 쏟아질 때를 대비해서 화창한 날에도 우의와 갈아 신을 양말 등을 배낭에 넣고 다닌다. 갑자기 계곡의 물이 불어날 경우에 대비해서 높은 곳으로 올라간다.

인간관계에서도 종종 돌발 상황이 발생한다. 사람마다 성향이 제각각이다 보니 언제 어디에서 무슨 일이 일어날지 모른다.

나 역시 젊었을 때는 연륜도 짧고 경험도 부족하다 보니 준비가 부족했다. 돌발 상황에 부딪치면 그때그때 임기응변을 발휘해서 해결해 나가기 바빴다.

예전에 간병인으로 2년 넘게 생활한 적이 있었다. 시어머니가 교통사고를 당해서 간병을 했고, 어머니가 다리가 불편해서 병원에 입원하는 바람에 다시 간병을 했고, 이모가 눈이 불편해서 병원에 입원했다고 해서 다시 간병을 도맡았다.

간병인으로 병원에서 생활하다 보니 암환자들을 접할 기회가 많았다. 만약의 사태에 대비해 미리 보험에 가입해둔 사람과 그렇지 않은 사람은 분위기가 아예 달랐다. 똑같이 불행한 상황이지만 암보험에 가입했던 사람들에게서는 한결 여유가 느껴졌다.

나는 그때 보험의 필요성을 절실히 느꼈다. 그래서 간병인 생활을 마치자마자 보험회사를 찾아가서 설계사로 일했다. 세상 사람들이 모두 내 마음 같다면 보험왕이 되는 것쯤은 시간문제라고 생각했다. 그래서 열정을 갖고 밤낮없이 일했다.

그때는 친인척이나 친구는 물론이고, 세상 사람들 모두가 고객으로 보였다. 새벽이든 한밤중이든 가리지 않으며 일했고, 고객을 만날 때는 항상 가방을 들고 나갔다. 가방 안에는 각종 보험계약서가 담겨 있었다. 화장실 들어갈 때와 나올 때가 다르다고, 고객의 마음이 언제 어떻게 바뀔지 모르기 때문에 만반의 준비를 하고 있었다.

고깃집에 가면 고객이 먹을 고기는 먹기 좋게 자르고, 내가 먹을 고기는 잘게 잘랐다. 고객이 질문을 던지면 재빨리 씹어 삼키고 대답하기 위함이었다. 또한 고객이 취하는 기미가 보이면 집주소를 물은 뒤 적어두었다. 만취할 경우, 택시에 태워서 보내기 위함이었다. 또한 택시에 태운 뒤에는 만약의 사태에 대비해서 차번호를 반드시 적어놓았다.

열심히 뛰어다녔지만 보험왕은 되지 못했다. 세상 사람들이 모두 내 마음 같지는 않았기 때문이다. 결국 설계사도 그만두었다. 하지만 그때 대인관계를 잘하려면 항상 준비하고 있어야 한다는 중요한 사실을 배웠다.

인간은 미래를 예측할 수 없다. 언제 어디에서 누가 찾아올지 아무도 모른다. 내가 자리를 비운 사이에 중요한 사람이 나를 찾을지 모르니, 책상에다 목적지와 회사에 돌아오는 시간을 적어놓거나 주변 사람들에게 미리 알려두어야 한다.

저녁 식사를 할 계획이 있다면 고객이 좋아하는 음식을 알아본 뒤, 식당을 미리 예약해두어야 한다. 유명 맛집일 경우 대기 손님이 많아서 제시간에 식사를 못하게 되거나, 원치 않았던 음식을 먹어야 할 수도 있기 때문이다.

네트워크 마케팅 사업을 잘하려면 상대를 배려해주기 위해 만반의 준비를 갖추고 있어야 한다. 그래야 사업도 번창하고, 회사에 대한 이미지도 좋아지고, 제품에 대한 믿음도 생긴다.

서울위드조아센터 구성원들은 배려가 몸에 배어 있다. 센터에는 수많은 사람이 드나들기 때문에 항상 차를 준비해놓는다. 겨울에는 따뜻한 차를, 여름에는 시원한 냉차를 준비하고 있다가 곧바로 내놓는다.

성공하려면 준비하는 자세가 필요하다. 마태복음 24장 44절에는 이런 말이 있다.

'이러므로 너희도 준비하고 있으라. 생각하지 않은 때에 인자가 오리라.'

입이 무거운 사람이 되자

'웃느라 한 말에 초상 난다'는 속담이 있다. 농담으로 한 말이 누군 가에게는 치명적이어서 마침내 죽음에 이르게 한다는 뜻으로, 말을 조심해야 함을 강조할 때 쓰는 말이다. 성공하려면 말을 가려서 하는 습관을 길러야 한다. 말 한마디 잘하면 친구가 되기도 하지만 말 한마 디 잘못하면 수많은 적을 만들기도 한다.

말은 언제, 언제서든 조심해야 한다. 말의 특성상 한 번 내뱉고 나 면 다시 주워 담을 수 없기 때문이다. 말 한마디 잘못해서 패가망신한 사람들이 한둘인가.

인생을 살아가다 보면 누구에게나 감추고 싶은 비밀이 있다. 가슴 한구석에 크고 작은 아픔을 안고 살게 마련이다. 그런데 인간은 고독 한 존재다. 비밀을 아무에게도 말하지 않고 가슴속에 잘 간직하고 있 다가도 가끔은 누군가에게 털어놓고 싶은 충동을 느낀다.

그래서 여러 사람과 대화를 나누다 보면 원하든 원하지 않든 간에 이런저런 정보를 얻게 된다. 복잡한 가정사도 알게 되고, 숨기고 있던 지병도 알게 되고, 때로는 불륜 사실을 알게 될 때도 있다.

그들이 일시적인 감정을 다스리지 못해 나에게 신변잡기를 털어놓긴 했어도 이는 그들의 사생활일 뿐이다. 사생활이 퍼져나가는 것을 원할 사람이 어디 있겠는가. 자랑스러운 일도 아니고, 남의 동정이나 비난을 살지도 모르는 일은 최대한 감추고 싶은 것이 인간의 심리다.

어떤 사람은 털어놓고 곧바로 후회하기도 한다.

"오늘 제가 했던 말은 혼자만 알고 계세요. 다른 사람에게 말하시면 절대 안 돼요?"

어떤 사람은 속으로는 후회하지만 자존심 때문에 아무 말도 하지 않는다. 그저 소문이 나지 않기만을 바랄 뿐이다.

업무 중에 알게 된 개인의 사생활은 가슴속에 묻어두든지 그 자리에서 흘려버려야 한다. 그런 불편한 정보를 다른 사람에게 옮길 경우, 의도하지 않았던 상처를 주게 된다.

초보 사업자의 경우, 종종 이런 실수를 저지른다. 친하지 않은 사람을 만나면 마땅한 화제도 없고, 공통점도 없다 보니 다른 사람에 대한 이야기를 자연스럽게 전한다. 어색한 순간을 모면하기 위함이다. 때로는 분위기에 취해서 감춰야 할 비밀을 털어놓기도 하고, 마치 인맥이 넓은 것을 과시하듯 다른 사람에 대한 정보를 떠벌이다가 절대 알려져서는 안 될 이야기까지 털어놓는다.

다른 사람에 대해서 말하기 좋아하는 사람은 언젠가는 반드시 구설에 오르게 된다. 말이란 돌고 도는 것이기 때문이다. 다른 사람의 사생활을 옮길 경우 당사자로부터 원망을 사게 되고, 뒤에서 험담을 할 경우 결국 나에 대한 험담으로 되돌아온다.

대화란 핑퐁처럼 주고받는 것이다. 그런데 혼자서 말하기를 독차지하려고 욕심 부리다 보면 더더욱 이런 실수를 하게 된다. 나만 계속 말하지 말고, 상대방에게도 충분히 말할 기회를 주고, 경청하는 습관을 들여야 한다.

또한 타인에 대한 화제는 좋은 일이 아니라면 굳이 옮기지 말아야 한다. 특히 타인에 대한 비난이나 비판은 삼가야 한다. 사이가 안 좋은 사람들이 있다고 해도 중간에서 시시비비를 가리려 해서도 안 된다. 한쪽 편을 들면 그 사람은 좋아하겠지만 다른 편에 있는 사람으로부터 미움을 살 수 있기 때문이다.

누군가를 험담하고 싶을 때는 차라리 칭찬을 하라. 마음에도 없는 칭찬을 하게 되면 내 마음은 다소 불편하겠지만 불화를 미연에 방지할 수 있다.

대화 도중 말이 뚝 끊길 때 찾아오는 침묵이나 어색함을 못 견디는 성격이라면 미소 짓는 습관을 길러라. 말없이 미소만 짓고 있어도 호감을 살 수 있다.

말은 그 사람의 인격이다. 마음의 상태가 겉으로 표출된 것이다. 인격을 갖춘 사람들은 말을 가려서 한다. 입 밖으로 내뱉기 전에 먼저 자기 검증을 한다. 상대방에게 행복을 주는 말인지, 불행을 주는 말인지, 기쁨을 주는 말인지, 슬픔을 주는 말인지를 한 번 더 생각한다.

네트워크 마케팅 사업을 시작하겠다고 결심했다면 타인에 관한 정보를 다른 곳에 옮기지 않겠다고 굳게 다짐하라. 미리 다짐해놓지 않으면 한번쯤은 누군가에게 멱살을 잡히거나 구설에 오를 수 있다.

말을 잘하는 사람은 쉴 새 없이 떠벌이는 사람이 아니라 입이 무거운 사람이다. 해야 할 말과 하지 말아야 할 말을 가려서 할 줄 알아야 신뢰를 얻을 수 있다.

타인의 시간도 아껴 써라

'하루가 십 년 맞잡이'라는 속담이 있다. 하루 동안에도 많은 일을 할 수 있다는 의미로, 시간의 소중함을 강조할 때 쓰는 말이다.

세상은 공평하지 않다. 맨손으로 태어나서 맨손으로 돌아가는 것이 인생이라지만 어디에서 누구의 자식으로 태어나느냐가 중요하다. 부유한 나라에서 갑부의 아들로 태어난 사람과 가난한 나라에서 천민의 자식으로 태어난 사람의 인생이 같을 수는 없다.

그래도 세상에서 한 가지 공평한 것이 있다면 시간이다. 부자든 빈자든 간에 평생 사용할 수 있는 시간은 비슷하다.

인생은 주어진 시간을 어떻게 사용하느냐에 따라서 미래가 달라진다. 부잣집에서 태어났다고 해서 시간을 헛되이 사용하면 불행한 노년을 맞게 된다. 반면 가난한 집에서 태어났을지라도 주어진 시간을 자신이 원하는 곳에 집중 투자한다면 행복한 노년을 맞을 수 있다.

시간은 누구에게나 소중하다. 네트워크 마케팅 사업을 하다 보면 타인의 시간을 사용하게 된다. 그러니 설득한다는 명분하에 상대방의 소중한 시간을 물처럼 펑펑 사용해서는 안 된다. 내 시간이 소중하듯이 상대방의 시간도 소중하다. 내 입장에서야 사업하기 위해서 쓰는 시간이지만 상대방의 입장에서 본다면 시간 낭비일 수도 있다.

네트워크 마케팅 사업은 혼자의 힘으로 성공할 수 있는 사업이 아니다. 뜻이 맞는 사람들이 다함께 노력해야만 성공할 수 있다. 그러니 누군가 귀한 시간을 내주었다면 참으로 감사한 일이다. 짧은 시간일지라도 함께했다면 헤어질 때 감사의 말을 전하라.

"바쁘신데 시간 내주셔서 고맙습니다."

만약 여유가 있다면 사소한 것일지라도 감사의 선물로 건네라.

내 시간은 물론이고, 타인의 시간도 아껴 쓰다 보면 자연스럽게 상

대방을 배려하는 습관이 몸에 배게 된다.

나 역시 사업을 한다는 명분하에 다른 사람들의 시간을 많이 사용했다. 좋은 정보를 알려주기 위함이었다고 위안을 삼지만 워낙 바쁜 사람을 붙들고 설득할 때는 마음 한구석이 불편했다. 다행히도 귀한 시간만 빼앗겼다고 투덜대는 사람보다는 고마워하는 사람이 훨씬 많았으니 그 또한 감사할 따름이다.

네트워크 마케팅 사업에서 중요한 일 중 하나는 '복제'다. 나와 같은 사업가를 배출해야만 나도 성장하고 회사도 성장한다. 그래서 사업을 잘 할 것 같은 사람들에게 접근해서 설득하다 보면, 그들이 사업가로의 변신을 놓고 갈등하는 경우가 종종 있다. 시스템과 비전이 좋은 것은 알겠는데 성공할 수 있다는 확신이 서지 않기 때문이다.

나로서는 더 이상 어찌할 방법이 없다. 평양감사도 저 싫으면 그만이라고 하지 않는가. 이제 남은 것은 그 사람의 선택뿐이다.

그래도 가만히 손 놓고 있자니 답답한 경우에는 최후의 수단으로 공주 본사에서 열리는 세미나에 데려간다. 대개는 사옥을 둘러보고 세미나에 참석하고 나면 사업을 하는 쪽으로 마음이 기운다.

주말 고속도로는 복잡하다. 내려갈 때는 다소 낫지만 상경할 때는 정체가 극심하다. 나야 사업하는 입장이다 보니 그런가 보다 하지만 상대방의 입장에서는 시간이 아까울 수도 있다. 속마음은 알 수 없지만 사업을 하지 않기로 결정했다면 더더욱 그렇다.

세미나 참석을 상대방이 원했든, 갈 생각은 없었는데 내가 가자고 해서 마지못해 갔든 간에 상경하고 나면 반드시 선물을 준다. 주로 애터미 제품을 미리 사놓았다가 건네준다. 어쨌든 상대방은 주말의 소중한 시간을 사용하지 않았는가. 나중에라도 아까운 시간만 낭비했다는 생각이 들지 않게끔 넉넉하게 선물을 준다. 물론 그때도 마음의 부담을 느끼지 않도록 적당히 둘러댄다.

성공하고 싶다면 내 시간은 물론이고, 타인의 시간도 아껴 써야 한다. 인간에 대한 배려가 몸에 배어 있어야 비로소 세상 사람들로부터 존중받는다.

불평불만을 수용하라

영국의 외교관이었던 필립 체스터필드는 이렇게 말했다.

"불완전한 것에 대해서 불평하는 것은 스스로 불완전하기 때문이다. 우리가 점점 더 완전해지면 다른 사람의 결점에 대해 점점 부드러워지고 조용해진다."

개인의 불평불만은 인생에 아무런 도움이 안된다는 이유로 무시당하기 일쑤다. 사실 타인에게 삶이 내 뜻대로 풀리지 않는다고 불평불만을 늘어놓는 것은 현명한 처사는 아니다. 상대방이 내 편이라면 나를 동정할 것이고, 경쟁자라면 내심 기뻐할 것이 자명하다. 어느 쪽이든 내 삶에 도움이 되지는 않는다.

천성적으로 불평불만이 많은 사람이 있다. 이런 부류들은 주변 사람들을 피곤하게 해서, 나이를 먹으면 친구들이 모두 떨어져 나가 외로운 삶을 살아간다.

예전에는 안 그랬는데 언제부터인가 불평불만이 많아졌다면 그것은 적신호다. 무시하지 말고 그 원인을 찾아볼 필요가 있다.

불평불만이 생길 때마다 기록해보는 것도 하나의 방법이다. 예를 들어서 '직장 다니기가 정말 싫다!'라는 생각이 든다면 왜 싫은지를 적어본다. 꼬리에 꼬리를 물고 파고들다 보면 내가 직장에 다니기 싫은 정확한 이유를 알 수 있다.

인생은 한 번뿐이다. 평생 불평불만만 하며 살 수는 없지 않은가. 정확한 이유를 알았다면 개선할 수 있는지, 개선이 안되는 것인지를 판단해야 한다.

상사와의 관계 때문이라면 이직하기 전에 관계를 개선할 방법을 찾아보는 편이 현명하다. 직장을 옮겼는데 더 상극인 상사를 만날 수도 있기 때문이다. 만약 회사에 대한 비전이 보이지 않아서 개선할 수 없는 경우라면 더 늦기 전에 다른 직장을 알아봐야 한다.

불평불만은 대체적으로 쓸모가 없다. 그러나 모든 불평불만이 그런 것은 아니다. 특히 업무와 관련된 조직원들의 불평불만은 귀담아들을 필요가 있다. 그것을 업무에 충실하지 못한 자들의 투덜거림이나 변명으로만 치부하면 조직은 더 이상 발전하지 못한다. 조직의 발전을 위한 조언으로 받아들여서 대책을 마련할 때 조직원들도 성장하고 조직도 발전한다.

완벽한 조직은 없다. 완벽해 보이는 것뿐이지 그 내부를 들여다보자면 손봐야 할 부분이 어느 정도는 있게 마련이다.

긍정 마인드를 지닌 리더가 저지르기 쉬운 오류는 조직원들이 업무와 관련해서 불평불만을 터뜨리면 무시해버린다는 것이다. 그 이유는 두 가지다. 하나는 자신의 조직에서 잡음이 나는 것이 싫기 때문이고, 다른 하나는 그래야만 마음이 편하기 때문이다.

불평불만은 아귀가 맞지 않아서 삐걱거리는 소리가 나는 마루와 비슷하다. 방치해두면 점점 더 큰 소리가 나고, 시간이 지나면 벌어져서 결국 마루를 뜯어내야만 한다.

조직원들의 불평불만이 잦다면 귀를 기울인 뒤, 대책을 마련해야 한다. 리더가 불평불만을 수용할 때 조직원들은 비로소 더 나은 조직의 미래를 기대할 수 있다.

예전에 네트워크 마케팅 사업을 할 때의 일이었다. 회사의 마케팅 방침이 수시로 바뀌자 사업자들 사이에서 불평불만이 터져 나왔다. 회사에 메일을 보내서 항의하는 사업자가 한둘이 아니었다. 그럼에도 불구하고 사업자들의 의견은 마케팅에 반영되지 않았다.

결국 그 회사는 부도가 나서 문을 닫았다. 조직원의 의견을 존중하지 않는 조직은 오래갈 수가 없다. 사업에서 가장 중요한 신뢰를 잃기 때문이다.

소비자의 불평불만 또한 마찬가지다. 고객의 변덕스러운 감정 상태에 따른 단순한 불평불만은 무시해도 무방하다. 그러나 똑같은 문제가 되풀이됨으로써 발생한 불평이나 불만은 곧바로 개선하지 않으면 더 큰 문제를 불러일으킨다.

사업은 신뢰를 쌓아가는 것이다. 성공하고 싶다면 불평불만을 기꺼이 수용할 수 있는 대인배가 되어야 한다.

강요하지 말고, 이해시켜라

 '장맛은 혀에 한번 묻혀보면 안다'는 속담이 있다. 장맛은 색깔을 살피고 냄새를 맡아보는 것보다는 맛을 조금만 보면 단번에 알 수 있다. 무엇을 이해하는 데서 그 일부만 가지고도 전체를 알 수 있다는 의미이다.

 세상의 모든 것에는 핵심적인 부분이 있게 마련이다. 굳이 용도를 모른다 해도 잘 관찰하면 어디에다 어떻게 사용해야 하는지 알 수 있다.

 못은 끝이 뾰족하고 날카로우니 어딘가에 때려 박기에 적합하고, 망치는 아래 부분이 뭉툭하니 무언가를 두드리기에 적합하다. 수학을 공부할 때도 무작정 문제를 풀기보다는 개념을 먼저 이해하면 효율을 높일 수 있다고 한다. 국어도 핵심 개념을 이해하고 있으면 문법이나 글쓰기가 수월하다고 한다.

사업에도 핵심적인 부분이 있게 마련이다. 장사는 좋은 물건을 구입해서 싸게 팔면 잘된다. 장사가 어려운 까닭은 물건의 질이 좋으면 가격이 비싸고, 가격이 싸면 물건의 질이 나쁘기 때문이다. 그래서 장사는 장사꾼의 수완에 달려 있다. 똑같은 물건을 팔아도 수완이 좋으면 돈을 벌고, 수완이 나쁘면 망한다.

네트워크 마케팅 사업의 성공 여부는 시스템과 비전에 달려 있다. 보상 플랜이나 사업자의 노력은 그다음 문제다. 시스템은 제대로 갖춰져 있으나 비전이 없거나, 비전은 있으나 시스템이 불완전하다면 특별한 능력을 지닌 소수만 성공할 수 있다. 소수의 성공을 위해 다수가 희생하게 된다.

네트워크 마케팅 회사는 수없이 생겨난다. 능력 있는 사업자를 끌어들이기 위해서 고수익을 보장한다며 달콤한 보상 플랜을 내놓는다. 그러나 대다수가 몇 년 버티지 못하고 문을 닫는다. 애터미처럼 꾸준하게 성장해가는 기업은 손에 꼽을 정도다. 시스템과 비전을 동시에 갖추기란 그만큼 어렵기 때문이다.

네트워크 마케팅의 기본은 소비자가 판매자가 되는 시스템이다. 즉, 내가 회사 제품을 만족할 만한 가격에 구입하고, 구입한 가격에서 판매 수익금을 가져올 수 있느냐 하는 것이다. 두 가지 조건을 충족시키기 위해서는 품질이 좋고, 가격이 합리적이어야 하며, 생산과 유통에 드는 비용이 최소여야 한다.

이러한 시스템을 만드는 것은 마케팅 회사의 몫이다. 완벽한 시스템을 구축한 상태에서 미래에 대한 비전을 제시할 때, 비로소 사업자는 그 비전을 공유한다. 나의 성공과 함께 회사의 성장을 확신하게 되는 것이다.

애터미는 2009년에 설립되었다. 내가 애터미의 시스템과 비전을 꼼꼼히 살펴보고 사업을 시작한 것은 2014년이었다. 애터미는 매해 꾸준하게 성장해서 2021년에는 2조 2천억 원의 매출을 올리는 세계적인 마케팅 회사가 되었다.

네트워크 마케팅 사업은 새로운 소비자를 찾고, 사업자를 복제하는 것이 주된 일이다. 명단을 작성하고, 초대를 하고, 사업 설명이나 제품 설명을 하고, 후속 관리를 하고, 상담을 하는 이유도 모두 이 두 가지를 위함이다.

나는 과거에 다른 회사에서 사업을 할 때, 새로운 소비자를 찾고 사업자를 복제하는 데 무척 애를 먹었다. 시스템과 비전이 완벽하지 못하다 보니 설득에 한계가 있었다. 사업 설명이나 제품 설명을 짧게 끝내고, 친분을 이용해서 강요하거나 도와달라고 간청했다.

애터미에서 사업을 하는 동안에는 강요나 간청이 아니라 이해시키는 데 초점을 맞췄다. 우리가 어떤 시스템과 비전을 갖고 있는지를 이해시키려고 노력했다. 네트워크 마케팅이라는 사업 자체가 낯설다 보니 한 번 듣고 그것을 정확히 이해하는 사람은 많지 않다. 나처럼 다른 회사에서의 사업 경험이 있는 사람들은 비교 대상이 있기 때문에 애터미의 시스템과 비전을 한눈에 파악할 수 있다. 그러나 대다수가 초보자이다 보니 얼마나 완벽한 시스템과 비전을 갖추고 있는지를 잘 몰랐다. 현실이 이러하니 의욕을 갖고 사업을 시작해도 오래 버티지 못했다. 사업하는 사람조차 시스템과 비전에 대한 이해가 부족해 소비자를 설득시키지 못했다. 결국 이해가 아닌 강요를 하다가 뜻대로 안되면 사업을 접었다.

　나는 애터미센터를 운영하며 교육의 필요성을 절실히 느꼈다. 기초 사업 설명회만으로는 턱없이 부족했다. 자체 커리큘럼을 만들었고, 애터미의 시스템과 비전을 이해시킴과 동시에 리더십 트레이닝을 통해서 사업자를 배출했다. 그러자 중간에 그만두는 사업자가 눈에 띄게 줄어들었다. 저마다 성공에 대한 뚜렷한 확신을 갖고서 신나게 일했다.

　네트워크 마케팅 사업으로 성공하려면 강요하지 말고 이해시켜야 한다. 불법 피라미드와 네트워크 마케팅 사업의 차이는 소비자에게 강요하느냐, 이해시키느냐에 달렸다. 주변에 사업을 제대로 이해하는 사람이 늘어나면, 나는 물론이고 다 함께 성공할 수 있다.

적절한 질문을 던져라

'부름이 크면 대답도 크다'는 속담이 있다. 큰 소리로 부르면 자연히 대답도 큰 소리로 하게 된다는 의미로, 무슨 일에 대해서 상응함을 비유할 때 사용하는 말이다.

인간관계를 잘하려면 질문을 적절히 활용할 줄 알아야 한다. 답을 보고 문제를 푸는 것보다는 시간이 걸리더라도 혼자 힘으로 문제를 풀어야 실력이 늘듯이, 누군가 알려준 것보다는 스스로 생각해서 깨달은 것이 오래간다.

나는 학력이 높거나 사회에서 높은 자리에 있었던 분들을 만나면 일일이 설명하려고 시도하지 않는다. 오히려 물어본다.

"선생님은 네트워크 마케팅에 대해서 어떻게 생각하세요?"

그러면 대다수가 자신이 생각하고 있는 것들을 털어놓는다. 네트워크 마케팅의 장점과 단점, 그리고 전망에 대해서 말한다.

나는 아무것도 모르는 사람처럼 눈을 반짝이며 경청한다. 말 속에는 인품과 함께 그 사람의 세계관이 담겨 있기에 잘 듣다 보면 상대방이 어떤 성향을 지녔는지를 알 수 있다. 만약 그의 대답이 내 생각과 다르더라도 그 자리에서 반박하거나 바로잡으려고 하지 않는다. 상대방이 자신의 대답에 확신이 없어서 "제 생각이 맞나요?"라고 물으면, 그때는 "네, 맞아요!"라고 대답한 뒤 슬쩍 내 생각을 말해준다.

'잠재적 소비자'나 '잠재적 사업자'를 만나서 설득할 때도 먼저 질문을 던진다.

"선생님은 앞으로 어떤 삶을 살아가고 싶은가요?"

그러면 대개 자신의 꿈이나 이루고 싶은 목표를 말해준다. 나는 진지하게 경청한 다음에 넌지시 묻는다.

"돈 걱정 없는, 주도적인 인생을 살 기회가 있다면 잡으시겠어요?"

하나같이 이렇게 대답한다.

"그런 기회가 온다면 잡아야죠!"

나는 그제야 본격적으로 애터미의 시스템과 비전을 설명해주고, 최대한 이해시키기 위해 노력한다.

열심히 설명했음에도 불구하고 이해하는 눈치가 아니면 사업 설명회에 초대한다. 사업 설명회에서 강연을 들으면 이해가 빠르기 때문이다.

네트워크 마케팅 사업을 잘 해나가던 중에 갑자기 사라지는 분들이 있다. 이는 더 이상 사업이 진전되지 않아서 포기한 상태라고 보면 된다. 그런 분들을 찾아가서 설득할 때도 먼저 질문을 던진다.

"그만둘 때는 그만두더라도 한 달만 더 해보는 건 어때요?"

"한 달 더 한다고 해서 뭐가 달라지겠어요?"

"달라지더라고요! 저도 그랬거든요."

사실 한 달 더 한다고 해서 성과가 크게 달라지지는 않는다. 수시로 변하는 마음이 달라질 뿐이다. 한 달이라는 기간은 흔들리는 마음을 추스르기에 충분한 시간이다.

나 역시 그랬다. 고비가 올 때마다 '한 달만 더 버텨보자!'고 나 자신을 추슬렀고, 두 번의 고비를 넘기고 나니 생활할 수 있을 만큼의 수익이 나기 시작했다.

서울위드조아센터에서는 사업자가 되기를 희망하는 분들을 모아놓고 교육을 시킨다. 정해진 커리큘럼에 의해서 강의가 진행되기에 나는 참석하지 않아도 내용을 훤하게 알고 있다. 그런데 가끔씩 강의실에 들어가 보고 있노라면 졸거나 딴짓을 하는 분들이 있다. 나는 그런 분들에게도 강의가 끝나면 간단한 질문을 던진다. 질문 내용은 주로 그날의 강의 내용이고, 오늘 받았던 강의에 대한 의견을 구하기도 한다.

"제심합력(濟心合力)에 대해서 어떻게 생각하세요?"

내 질문을 받은 분들은 다음 강의를 집중해서 듣는다. 또 다시 질문을 받을지도 모른다는 생각 때문이다.

질문을 던지면 거기에 맞는 답을 찾는 것이 인간의 본성이다. 하지만 너무 어려운 질문은 답을 찾다가 포기하게 만들고, 너무 쉬운 질문은 흥미를 잃게 한다. 어느 정도의 수준에 맞는 질문을 던질 필요가 있다.

지적 수준이 너무 높아서 내가 감당할 수 없는 경우에는 한 수 배운다는 마음으로 질문을 던진다. 사실 인생 학교를 다니면서 그렇게 배운 지식도 적지 않다.

인간은 생각하는 존재이다. 무리해서 설득하려 하지 말고 적절한 질문을 던져라. 스스로 답을 찾는 과정에서 성공의 길을 발견하기도 한다.

고민을 해결해줘라

'사나운 개도 먹여주는 사람은 안다'는 속담이 있다. 아무리 사나운 개라도 저를 먹여주는 사람에게는 알아서 꼬리 치며 반갑게 대한다. 즉, 은혜를 베풀어주는 고마운 사람을 알아보지 못하면 짐승만도 못하다는 의미다.

제대로 된 사람이라면, 은혜를 입었으면 잊지 못한다. 마음속에 빚으로 남아 있어서, 기회가 되면 반드시 갚으려고 한다.

사람들의 마음을 사로잡으려면 상대방이 원하는 것을 찾아서 해결해주면 된다. 물론 말처럼 쉽지는 않다. 상대방이 진정으로 원하는 것을 알아야 하는데 말해주지 않으면 알 수가 없다. 속마음을 솔직하게 털어놓는 대화 자체를 꺼리기 때문이다.

우리는 돈이면 모든 것을 해결할 수 있다는 생각에 젖어서 살아간다. 그러다 보니 정작 원하는 것을 말하기보다는 돈을 요구한다.

"나 이십만 원만 빌려줄래요?"

"미안해요. 나도 현찰은 갖고 있는 게 없네요."

이렇게 대답해버리면 대화가 더 이상 이어지지 않는다. 평소에 상대방이 원하는 것을 찾아서 해결해주겠다는 마음을 지니고 있다면 돈의 사용처를 물어봐야 한다.

"이십만 원은 어디다 쓰려고요?"

"출퇴근하기 번거로워서 자전거를 한 대 사려고요."

"아, 그래요? 우리 집에 타지 않는 자전거가 있는데 그거라도 타실래요?"

"탈 만한 건가요?"

"바람만 넣으면 탈 만할 거예요."

나는 네트워크 마케팅 사업을 하기 전부터 상대방이 원하는 것을 해결해주기 위해서 노력해왔다. 항상 지인들에 대해 관심을 가졌고, 충분한 대화를 통해서 그들이 진정으로 원하는 것이 무엇인지를 파악했고, 내가 할 수 있는 종류면 해결해주려고 노력했다.

몇 해 전의 일이다. 사업자를 찾던 중 작정하고 달려들면 잘 해낼 수 있을 것 같은 분을 발견했다. 여러 차례 만나서 애터미의 시스템과 비전을 이해시켰다. 그런데 그분의 마음은 사업을 할까 말까를 놓고 갈등이 오래 계속됐다.

하루는 답답한 마음에 단도직입적으로 물었다.

"잘하실 것 같은데 왜 주저하세요?"

그러자 속사정을 털어놓았다. 수원에 집이 한 채 있는데 팔리지 않아서 고민이라고 했다. 집이 팔릴 때까지는 꼼짝달싹할 수 없는 처지

라는 것이다.

나는 일단 그분과 함께 수원의 집을 보러 갔다. 둘러보니 별다른 문제는 없는 것 같아서 아예 내가 그 집을 샀다. 그런데 문제가 생겼다. 내 밑의 사업자로 넣으려고 했는데, 몇 해 전에 이미 애터미에 가입해서 코드(개인 고유넘버)까지 갖고 있었다. 다른 분 밑으로 등록되어 있는 상태여서 내 밑의 사업자로 등록시키지도 못하고, 집만 사준 셈이 되었다. 다시 그 집을 처분하느라 고생을 좀 하기는 했지만 후회는 없었다. 내가 네트워크 마케팅 사업을 그만큼 열정적으로 했다는 증거 아니겠는가.

나는 서울위드조아센터에서 간혹 고민 상담을 해주는데, 가장 많은 고민은 자신에게 특별한 재능이 없다는 것이다.

"지극히 평범한 제가 성공할 수 있을까요?"

네트워크 마케팅 사업은 혼자서 하는 사업이 아니다. 여럿이 힘을 합쳐서 성과를 창출하는 사업이다. 그들은 자신의 재능을 몰라도 나는 그들의 재능을 어렵지 않게 찾아낸다. 사람들에게 친근하게 다가가는 것도 재능이고, 강연을 잘하는 것도 재능이다. 그리고 좀 더 넓게 보자면 남의 말을 잘 듣는 것도 재능이고, 음식을 잘하는 것도 재능이고, 청소를 잘하는 것도 재능이다. 이런저런 재능을 찾아서 말해주면 긴가민가하면서도 속으로는 무척 기뻐한다. 고민이 해결되었기 때문이다.

그리고 보면 고민 해결은 심리상담사만 할 수 있는 것은 아니다. 애정과 관심을 갖고 있으면 누구나 할 수 있다.

대인관계를 잘하려면 내 고민만 해결하려 하지 말고, 상대방의 고민도 해결해줘라. 그러다 보면 내 고민도 저절로 해결된다.

18

함께 성공합시다!

"남을 설득하기 위해서는 지성보다 이익에 호소해야 한다."

미국 건국의 아버지라 불리는 벤저민 프랭클린의 명언이다.

꽃이 있는 곳에 벌과 나비가 날아들듯 이익이 있는 곳에 사람들이 모인다. 인간관계를 잘하려면 이 점을 명심해야 한다.

혼자의 힘으로 성공하는 것이 가능할까?

물려받은 재산 없이 자기 혼자의 힘으로 집안을 일으키고 재산을 모은 사람을 자수성가했다고 말한다. 자수성가는 그 사람의 노력과 성실성을 칭송하기 위한 표현일 뿐이지 엄밀한 의미로 본다면 혼자서 성공하는 것은 불가능하다.

2007년 개봉한 윌 스미스 주연의 〈행복을 찾아서〉는 크리스 가드너의 일대기를 그린 영화다. 월세를 낼 돈이 없어서, 아들과 함께 지하철역 화장실에 종이를 깔고 자기도 했던 그는 성공의 꿈을 버리지 못한다. 밤늦게까지 주식중개사 공부를 했고, 그의 성실성을 알아본 고객에게 스카우트되어서 월가의 유명 투자사인 베어 스턴스에 취업한다. 거기서 배운 경험을 바탕으로 '가드너 리치'라는 투자 회사를 차렸고, 2,000억을 보유한 자산가가 되었다.

대표적인 자수성가형 부자지만 그 역시 혼자 힘으로 성공한 것은 아니었다. 수많은 사람의 도움이 없다면 누구도 성공할 수 없다.

네트워크 마케팅 사업은 특히 혼자 힘으로 성공한다는 것은 불가능하다. 제품 선정에서부터 소비자에게 판매되기까지 수많은 사람이 한마음으로 힘을 합쳐야 한다. 이처럼 많은 사람이 같은 마음으로 힘을 합한다는 의미의 '제심합력'이 없으면 시스템 자체를 구축할 수가 없다.

물론 수완이 남달라서 성공을 거둔 것처럼 보이는 사람도 있다. 하지만 성공하기까지의 과정을 들여다보면 마음과 힘을 합쳐준 사람들이 있었기에 성공을 거두었음을 알 수 있다.

나는 '함께'라는 말을 좋아한다. 혼자서 트럭을 몰고 장사를 했을 때도 여러 사람이 도움을 주었지만 지독한 외로움만은 그 누구도 어찌할 수 없었다. 오로지 내가 감당해야 할 몫이었다.

나는 오랜 세월 혼자 힘으로 성공해보려고 안간힘을 썼다. 그러나 아무리 노력해도 성공은 코빼기도 내비치지 않았다.

내가 네트워크 마케팅에 빠진 가장 큰 이유는 혼자서 하는 사업이 아닌, 함께하는 사업이기 때문이다. 회사가 부도나는 바람에 두 번이나 처참하게 실패했지만 다시 도전할 수 있었던 이유도 혼자서 성공하는 사업이 아닌, 함께 성공하는 사업이기 때문이다.

파트너가 나보다 먼저 성공했을 때도 나는 진심으로 축하해주었다. 우리는 함께 일을 해왔기에 파트너의 성공이 마치 나의 성공 같았다.

애터미에서 사업을 시작하면서 가장 많이 했던 말 가운데 하나는 바로 이것이다.

"우리 함께 성공합시다!"

나 혼자가 아닌 다 함께 성공하기로 마음먹자 비로소 성공이 찾아왔다. 웃고 즐기며 떠들다 보니 어느새 성공이 내 옆에 와 있었다.

네트워크 마케터로 활동하다가 성공을 거두면 대다수가 현장에서 물러나서 여생을 즐긴다. 일하지 않아도 매월 통장에 수천만 원이 들어오니 세계여행을 다니기도 하고, 휴양지에서 쉬기도 하고, 취미 생활을 하면서 여유로운 삶을 살아간다. 그동안 열심히 일했으니 인생을 즐길 자격이 있다.

나 역시 매월 통장에 많은 돈이 들어오니 더 이상 일하지 않아도 된다. 하지만 나는 현재로서는 현장을 떠날 생각이 없다. 노는 것보다 사람들과 함께 일하는 시간이 더 즐겁다. 경제적으로 어려웠던 사람들이 성공해가는 과정을 지켜보는 것은 그 무엇과도 비교할 수 없는 커다란 행복이다.

인간관계를 잘하고 싶다면 이익을 나눌 줄 알아야 한다. 혼자서 성공하려고 하지 말고, 함께 성공해야 한다. 몸과 마음을 다해서 주변 사람들을 돕다 보면 자연스럽게 나 또한 성공하게 된다.

삶이 힘들수록, 사업에 진전이 없을수록 목청을 높여서 이렇게 외쳐라.

"우리 함께 성공합시다!"

Chapter 5

성공을 향해 도약하라

현재와 미래는
어떻게든 연결되어 있다.

_ 스티브 잡스

나만의 강점을 키워라

"버들가지는 약하나 다른 목재를 묶는다."

영국의 시인이자 성직자인 조지 허버트의 명언이다. 쓸모없어 보이는 것도 잘 들여다보면 쓸 데가 있다는 의미다.

많은 이가 이렇게 말한다.

"나는 잘하는 것이 아무것도 없어."

정말로 잘하는 것이 없을까? 물론 그건 자신만의 착각이다. 굼벵이도 구르는 재주는 있다지 않은가.

비교 대상을 전문가나 프로 혹은 주변에서 가장 잘하는 사람과 비교하니 못 찾는 것뿐이다. 화가와 비교하니 그림을 잘 그린다고 생각하지 못하고, 연주자와 비교하니 피아노를 잘 친다고 여기지 못하고, 명강사와 비교하니 강연을 잘한다고 평가하지 못하는 것이다.

초보자와 비교하면 내가 무엇을 잘하는지 쉽게 찾아낼 수 있다. 취미 삼아 계속해왔거나 조금이라도 배웠다면 잘하는 것이다.

성공하려면 자신의 강점을 살려야 한다. 강점을 살려서 전문가나 프로가 되라는 의미는 아니다. 물론 그럴 수 있다면 더없이 좋지만 그럴 가능성은 낮다. 자신의 강점을 살려서 삶을 윤택하게 함과 동시에 성공의 발판을 마련하라는 것이다.

나는 학력은 짧다. 그러나 인생 학교에서 다양한 일을 하며 수많은 사람을 만났다. 경제적으로 어려운 삶을 살아서 공감 능력도 괜찮은 편이다. 표정이나 몸짓을 보면 상대방이 무슨 생각을 하는지 대충 짐작할 수 있다. 그래서 인간관계가 어렵지 않다.

네트워크 마케팅을 하다 보면 고학력자를 많이 만난다. 외국의 명문대학에서 박사학위를 딴 사람도 있고, 교수님도 있다. 어쨌든 백에 아흔아홉은 나보다 가방끈이 길다. 그러니 자연히 겸손해질 수밖에 없다. 그분들이 하는 말을 눈을 반짝이며 경청해주었을 뿐인데도 나에게 마음을 열어준다. 모르는 것이 많아서 물어봤을 뿐인데 친절히 설명해주고, 기꺼이 사업에 동참해준다.

생각을 바꾸고 접근하면 짧은 학력마저도 인간관계에서는 강점이 된다. 작은 키에 평범한 미모 또한 강점이 된다. 시기심이나 경쟁심을 느끼지 않고, 누구나 편하게 다가설 수 있기 때문이다.

사주팔자나 관상을 공부한 이유도 인간관계를 더 잘하기 위함이었다.

"느낌에 부자가 되실 분 같아요."

"삼 년 후에는 빌딩주가 될 거예요. 그냥 예감이 그래요!"

칭찬은 안 하는 것보다는 낫지만 막연한 칭찬은 헛소리처럼 들릴 수

도 있다. 하지만 나름 근거를 갖고 칭찬해주면 기분도 좋아지고, '정말 그럴까? 정말 그렇게 되면 좋겠다!'라고 생각하게 된다.

"삼재에다 관재수가 있네요."

사주를 보러 가면 어떤 점쟁이들은 나쁜 점을 꼭 짚어준다. 부적을 팔아먹기 위함이다. 그러나 나는 좋은 점만 말하지, 나쁜 점은 말해주지 않는다. 사주팔자나 관상을 공부한 목적이 돈을 벌기 위함이 아니라, 좀 더 인간관계를 잘하기 위함이기 때문이다.

틈틈이 독서를 한 이유 역시 배움에 대한 갈증 때문이기도 하지만 인간관계를 더 잘하기 위함이다. 책 속에는 내가 알지 못하는 다양한 지식과 다채로운 세계가 있다. 나는 꾸준한 독서를 통해서 인간에 대한 이해의 폭을 넓혀왔다.

네트워크 마케터로 성공하려면 자신이 잘하는 것을 살려야 한다.

초보자보다 잘하는 것이 있다면 그것을 살려서 사업에 활용할 줄 알아야 한다.

사실 강점을 어렵게 생각해서 그렇지 별 게 아니다. 평소 칭찬을 잘한다면 그것도 강점이고, 자주 웃는다면 그것이 강점이다. 생각이 깊다면 그것도 강점이고, 주위 사람들을 잘 챙겨준다면 그것 또한 강점이다.

거울 앞에서 "나는 잘하는 것이 아무것도 없어"라고 말하지 말고, "내가 잘하는 것이 무엇이지?"라고 물어보라. 분명 남들보다 잘하는 것이 툭 튀어나올 것이다. 그것을 찾아서 계속 발전시켜 나아가라. 그러다 보면 어느 순간, 성공을 향해 한 단계 더 도약하게 된다.

재능이 없으면 재능을 빌려 써라

'장님이 셋이면 편지를 본다'는 속담이 있다. 개개인으로 놓고 보면 어떤 일을 할 능력이 없지만 여럿이 모이면 그 일을 능히 해낼 수 있다는 뜻이다. 즉, 여러 사람이 지혜를 합쳐 나가면 그 어떤 어렵고 힘든 일이라도 능히 해낼 수 있음을 이른다.

세상이 불공평하다고 해도, 한 사람이 모든 재능을 타고날 수는 없다. 혼자서는 성공하기가 어려운 이유도 이 때문이다. 성공하려면 여러 가지가 필요한데 그 모든 것을 갖춘 사람이 얼마나 되겠는가.

대체적으로 공부를 잘하는 사람은 운동을 못하고, 운동을 잘하는 사람은 공부를 못한다. 간혹 둘 다 잘하는 사람도, 공부나 운동 두 가지 방면에서 동시에 성공할 수는 없다.

사업도 마찬가지다. 생각이 깊은 사람은 실천력이 떨어지고, 실천력이 뛰어난 사람은 생각의 깊이가 부족하다. 간혹 둘 다 갖춘 사람도 있지만 사업가로서의 중요한 자질 중 몇 가지쯤은 부족하게 마련이다.

잘하는 것이 있으면 못하는 것도 있다. 그래서 골고루 능력을 갖추기 위해서 많은 이가 자기계발을 하는 것이다. 오랜 기간에 걸쳐 열심히 노력하면 없던 재능이 생성되기도 한다. 하지만 기회란 석상처럼 제자리에 가만히 머물러 있지 않는다. 눈앞에 왔을 때 잡지 못하면 순식간에 사라져버린다. 그러니 없던 재능을 갖추려다 보면 눈앞의 기회를 놓칠 수 있다.

하지만 성공하려면 시각을 달리할 필요가 있다. 꼭 내가 재능을 갖춰야만 하는 걸까? 나에게 재능이 없다면 재능이 없다고 통탄하지만 말고 다른 사람에게서 빌려 쓰면 된다. 나에게 없는 재능을 지닌 사람과 손을 잡으면 된다.

동업을 해서 성공하려면 서로의 재능을 공유해야 한다. 기술력이 있는데 돈이 없는 사람은 돈은 있는데 기술력이 없는 사람과 동업하면 성공 가능성이 높다. 좋은 아이디어를 가지고 있지만 영업력이 부족한 사람은 영업력은 좋지만 아이디어가 부족한 사람과 동업하면 성공 가능성이 높아진다.

요즘은 공유경제가 유행이다. 물건을 직접 사지 않고도 필요할 때 약간의 비용을 지불하면 사용할 수 있다. 숙박 공유 플랫폼 기업인 에어비앤비를 이용하면 외국 현지의 가정집을 숙소로 빌려 쓸 수 있다. 자전거나 킥보드를 구입하지 않고도 필요하면 언제든지 사용할 수 있다.

재능도 마찬가지다. 충분히 공유가 가능하다. 특히 네트워크 마케팅은 함께하는 사업이라서 재능을 공유해가며 사업을 해나갈 수 있다.

나는 인간관계를 잘해서 사업 설명회에 참석할 사람을 잘 모은다. 파트너는 강연을 잘해서 우리가 왜 네트워크 마케팅을 해야 하는지를 잘 이해시킨다. 우리는 서로의 재능을 빌려주고 빌려 쓰면서 함께 성장했다.

어떤 분은 함께 사업을 하자고 했더니 한참을 곰곰이 생각하다가 이렇게 대답했다.

"저는 정말 잘하는 게 아무것도 없어요."

"성공하고는 싶은 거죠?"

"물론이죠!"

"그럼 커피를 타는 것 같은 잡일은 하실 수 있나요?"

"그 정도야 당연히 할 수 있죠!"

"꼭 필요한 재능을 갖고 계시네요. 우리 함께 일해봅시다."

'소 힘도 힘이요 새 힘도 힘이다'는 속담이 있다. 새의 힘이 소보다 약하기는 하지만 소의 힘과 마찬가지로 역시 힘은 힘이라는 뜻이다. 이는 누구에게나 크고 작은 능력이 있다는 의미다.

모두가 바빠서 정신이 없을 때는 커피를 타는 것 또한 재능이다. 이런저런 재능들을 공유하며 함께 일하다 보면 우리는 그 어떤 사람도 해내지 못한 일들을 거뜬히 해낼 수 있다.

잘하는 것이 없다고 해서 걱정하지 마라. 재능이 없으면 재능을 빌려서라도 쓰겠다는 의욕이면 충분하다.

관심의 끈을 놓지 마라

"승자가 되기 위해서는 두 가지가 필요하다. 명확한 목표와 그것을 이루려는 뜨거운 열망."

브래드 버튼의 명언이다. 간단하면서도 확실한 성공 비결이라고 할 수 있다.

목표가 명확하다고 하더라도 그것을 이루겠다는 열정이 없다면 결국 성공에서 멀어진다. 따라서 목표를 이루기 전까지는 열정을 관리해야만 한다.

그렇다면 어떻게 열정을 관리할 것인가?

열정은 관심에서 나온다. 원대한 목표를 세우고 나면 가슴이 뜨겁다. 열정이 활활 타오르고 있기 때문이다. 그러나 그 열정은 오래 지속되지 못한다. 시간이 지나면서 점점 식어가는데, 이는 목표를 세웠을 때만큼의 관심을 유지하지 못하기 때문이다.

쉽게 이해되지 않는다면 사랑을 생각해보자. 사랑은 관심에서 시작된다. 누군가에게 관심을 갖고 계속 생각하다 보면 사랑에 빠지게 된다. 그러다가 어떤 계기로 인해서 관심이 시들해지면 더 이상 생각나지 않으면서 사랑도 시들해진다. 열정이 사라진 것이다.

인간의 마음은 흐르는 강물처럼 늘 어디론가 흘러간다. 한시도 제자리에 머물지 않는다. 목표를 세웠고, 그것을 이루고 싶다면 계속 관심을 기울여야만 한다.

내가 새벽에 일어나서 매일 네트워크 마케팅 관련 강연을 찾아서 시청하는 이유도, 애터미센터에 매일 정해진 시간에 출근하는 이유도, 계속 사업에 관심을 기울여서 열정을 유지하기 위함이다.

열정이 화목난로라면 관심은 장작이라고 할 수 있다. 화력이 약해지면 장작을 집어넣듯이, 성공하고 싶다면 열정이 식지 않도록 계속 관심을 기울여야 한다.

관심의 끈을 놓지 않기 위해서는 네 가지를 명심하라.

하나, 멘토를 만들어라.

같은 분야에서 성공한 사람 중에서 본받을 만한 분을 멘토로 삼아라. 나보다 한발 앞서서 성공했기에 자극을 줄 수 있고, 여러모로 도움이 된다. 그분의 가르침대로 따라가기만 하면 당신도 충분히 성공할 수 있다.

둘, 공부를 계속하라.

오랫동안 사업을 하다 보면 네트워크 마케팅에 대해서 훤히 알고

있다고 착각하기 쉽다. 사업 설명회나 강연 내용이 비슷비슷하기 때문이다. 그러나 수박 겉핥기식으로 알고 있는 경우가 대부분이다. 깊이 공부해 들어가면 들어갈수록 이해의 폭도 넓어지고, 성공에 대한 확신도 강해진다.

셋, 소통하라.

네트워크 마케팅은 함께 성공하는 사업이다. 충분한 대화를 통해서 동료들과 소통할 필요가 있다. 일을 할 때는 혼자보다는 둘이 낫고, 둘보다는 셋이 나은 법이다. 내가 지쳐 있을 때는 동료가 힘을 주고, 동료가 힘들어할 때는 내가 밀어주고, 어려운 시기에는 함께 손을 잡고 헤쳐 나아가면 된다.

네트워크 마케팅의 가장 무서운 적은 정체다. 사업이 더 이상 발전하지 않으면 머릿속이 복잡해지면서 의욕이 뚝 떨어진다. 자칫하면 관심의 끈이 끊어질 수도 있다. 그럴 때일수록 더 열심히 발품을 팔아야 한다. 두 걸음도 아니고 매일 한 걸음만 전진한다는 심정으로 전화를 걸고, 사람들을 만나야 한다.

사업에 대한 열정이 사라지면 지금까지 쌓아올린 공든 탑이 한순간에 와르르 무너진다. 열정이 식지 않도록 계속 관심을 기울여라. 관심을 갖고 사업에 깊이 빠져들면 빠져들수록 성공 가능성도 높아진다.

실패를 통해 배워라

'복철(覆轍)을 밟지 말라'는 속담이 있다.

복철은 엎어진 수레바퀴를 말한다. 즉, 엎어진 수레바퀴 자국을 그대로 따라가면 똑같이 엎어지니 따라 밟는 실수는 저지르지 말라는 뜻이다. 앞서 한 사람의 잘못을 보았으면 그것을 거울삼아 같은 실패를 하지 않도록 조심하라는 의미다.

실패는 역사를 통해 검증된 훌륭한 학습법이다. 우리가 사용하고 있는 수많은 물건은 실패 속에서 탄생했다. 에디슨의 전구는 물론이고, 라이트 형제의 비행기도 무수한 실패를 거듭하며 성공으로 가는 길을 찾아냈다.

우리는 성공을 자랑스러운 것으로 여기고, 실패를 부끄러운 것으로 여긴다. 그러다 보니 실패를 가볍게 여겨서 그대로 덮어버리는 경향이 있다. 하지만 실패는 소중한 자산이다. 실패에는 수많은 노력과 시간이 함축되어 있다. 실패했다고 해서 그대로 묻어버린다면 아무것도 남지 않는다. 결국 시간이 지나면 또다시 비슷한 실패를 반복하고 만다.

나 역시 같은 실패를 반복했던 뼈아픈 경험이 있다. 앞서 고백했듯이 네트워크 마케팅은 자본도 기술력도 없던 나에게 꿈과 희망을 주었다. 처음 사업 설명회에 참석했을 때의 설렘을 지금도 잊을 수 없다. 성공 목표를 세우고 3년 동안 발바닥이 부르트도록 돌아다녔다. 그러던 중 회사가 부도가 나면서 공중분해됐다.

허탈했다. 눈물이 핑 돌았고, 가슴이 아팠다.

'내가 지지리도 운이 없는 거야.'

뒤늦게라도 실패 원인을 찾았어야 했다. 그러나 그러지 못한 가장 큰 이유는 이미 엎질러진 물이라는 생각 때문이었다. 모든 것을 불운 탓으로 돌려버리고 벌떡 일어섰다. 실패 원인도 찾지 않고, 충분한 반성도 하지 않은 채 다른 네트워크 마케팅 회사에 들어가서 다시 사업을 했다.

백의종군하는 심정으로 직급도 없이 맨 처음부터 다시 시작했다. 세월이 흘렀고, 비슷한 과정을 거쳐서 그 회사도 결국 부도가 났다. 어리석게도 나는 다시 실패했고, 3년이라는 아까운 세월을 또 낭비하고야 말았다.

'어떻게 이렇게 박복할 수가 있지?'

죽고 싶은 심정이었다. 그러나 언제까지 운수 탓만 하고 있을 수는 없는 노릇이었다.

'성장하는 회사와 망하는 회사의 차이는 뭘까?'

나는 그제야 진지하게 실패 원인을 분석해보았다. 왜 회사가 부도 났는지, 비로소 이해할 수 있었다. 시스템이 안정적이지 못했다. 세월이 흐를수록 비전이 보여야 하는데, 세월이 흐를수록 비전과는 점점 멀어져간 것이다.

비록 6년이라는 아까운 세월을 허비했지만 두 번의 실패를 통해서 배운 점도 많았다. 그것은 내 삶의 자산이 되었는데, 그중 하나는 좋은 회사를 고르는 안목을 갖게 되었다는 점이다.

나는 심사숙고한 끝에 세 번째 네트워크 마케팅 회사로 애터미를 선택했다. 물론 그 뒤로도 나는 소소히 실패를 겪었고 그 경험을 통해서 많은 것을 배웠다.

함께 사업하자고 손을 내밀었다가 거절당하면 나는 포기하지 않았다. 나름대로 거절당한 이유를 분석했다. 그렇게 수없이 거절당하고, 수없이 이유를 찾다 보니 거절당하지 않는 법을 알게 되었다. 또한 반드시 설득을 성공시켜야 할 때는 '두 번째 제안'을 준비해야 한다는 것도 배우게 되었다. 첫 번째 제안이 통하지 않으면 거침없이 두 번째 제안을 내밀었다.

사람들은 내가 인간관계를 잘한다고 하는데 이런 능력은 모두 실패로부터 배운 것이다. 소모적인 경쟁도 해보고, 잘난 체도 해보고, 유치한 일로 감정싸움도 해보고, 자존심 때문에 눈물도 흘려보니 그것들이 모두 쓸데없는 짓임을 깨달은 것뿐이다.

네트워크 마케팅 사업을 해보겠다는 분 중에는 사업 실패 경험이 있는 이가 많다. 그렇다. 처참하게 실패했더라도 위축될 필요 없다. 실패 경험을 잘 살린다면 사업을 하는 데 상당한 보탬이 된다.

세상에 쓸데없는 경험이란 없다. 비록 실패로 끝난 일이라도, 그것을 자산으로 활용해서 성공의 발판으로 삼아라.

생각을 훔쳐라

"사람들이 꿈을 이루지 못하는 한 가지 이유는 그들이 생각을 바꾸지 않고 결과를 바꾸고 싶어 하기 때문이다."

미국의 베스트셀러 작가이자 리더십 전문가인 존 맥스웰의 명언이다.

남다른 노력을 기울이고 있음에도 성공하지 못하는 사람 중 상당수는 '내 생각이 맞다!'라는 고정관념에 사로잡혀 있다. 시도해보고 통하지 않으면 생각을 바꿔야 하는데 좀처럼 타협하려 들지 않는다.

부자가 되고 싶으면 부자의 생각을 훔쳐야 하고, 정치가가 되고 싶으면 정치가의 생각을 훔쳐야 하고, 철학가가 되고 싶으면 철학가의 생각을 훔쳐야 한다. 훔친다는 표현에 거부감을 가질 수도 있는데, 생각은 훔쳐도 죄가 되지 않는다. 이때 생각을 훔친다는 것은 '한 수 배운다'는 것과 같은 의미다.

세상에는 나보다 뛰어난 사람이 얼마나 많은가. 인류는 좋은 생각들을 계속 훔쳐왔고, 그렇게 훔친 생각을 밑거름 삼아 발전해왔다.

나 역시 유튜브나 세미나에 참석해 강연을 들으며 성공한 사람들의 생각을 훔쳐왔다. 파트너나 동료가 좋은 아이디어를 내놓으면 주저하지 않고 훔쳤다.

"좋은 생각 같아요! 한번 시도해보죠."

서울위드조아센터에서 사업하기를 희망하는 분들을 대상으로 리더십 트레이닝 교육을 시작한 것도 동료의 아이디어였다.

네트워크 마케터 중에도 자신의 생각을 고집하는 분들이 더러 있다. 과거에 잘나갔던 분들일수록 이런 성향이 강하다. 새롭고 창조적인 방식으로 사업을 해보겠다는데 만류할 수는 없는 노릇이다. 그러나 네트워크 마케팅의 성공 방식은 이미 수많은 시행착오를 거쳐서 정립된 것이다.

애터미에서는 사업을 시작하는 분들의 성공을 위해서 '성공의 8단계'에 대해서 강연해준다. 강사가 누구든 간에 큰 틀은 같다. 강사의 특성에 따라서 내용이 조금씩 달라질 뿐이다.

유튜브로 박한길 회장님이 직접 한 강의도 들을 수 있다. 성공의 8단계의 핵심은 이렇다.

목표 설정

결의

명단 작성

초대

사업 설명

후속 관리

상담

복제

이 방법은 성공한 사람들에 의해서 검증된 것이다. 네트워크 마케팅으로 성공하고 싶다면 그들의 발자취를 그대로 따라가면 된다.

물론 자신만의 방식을 시도해보는 것도 나쁘지는 않다. 하지만 시도해서 안되면 바로 인정하고 기존의 방식을 받아들여야 한다. 고집을 꺾지 않고 계속 밀어붙이다가는 결국 별다른 성과도 내지 못한 채 지쳐서 나가떨어지게 된다.

'로마에 가면 로마법을 따르라'는 말을 기억하자. 새로운 세계에 발을 디뎠으면 그 분야에서 성공한 사람의 생각을 훔쳐야 한다. 그래야 한 단계 더 성장할 수 있고, 더 높이 도약할 수 있다.

시간을 압축하라

'하루 물림이 열흘 간다'는 속담이 있다.

일을 하루 늦춘 것이 열흘을 늦추게 되었다는 말로, 무슨 일이든 그날 해야지 뒤로 미루면 안 된다는 의미다.

성공하기까지는 얼마나 걸릴까?

사업을 해야겠다고 결심하면 목표를 세우게 된다. 어떤 분은 로열마스터나 크라운 마스터를 목표로 정하는데 대개는 최고직급인 임페리얼 마스터를 목표로 한다. 그런 다음 목표를 달성하기까지의 기간을 설정한다. 이때는 경험도 없고, 실정도 잘 모를 때라 일단 막연하게 기간을 설정한다.

처음에는 의욕이 넘쳐서 매사에 열정적이다. 그러다 사업이 생각처럼 풀리지 않아서 수입도 변변찮고, 가족의 반대에 부딪치게 되면 '내가 과연 목표한 기간 안에 성공할 수 있을까?' 하는 의문에 사로잡힌다.

머릿속에서 생각이 많아지면 몸이 물먹은 솜처럼 무거워진다. 자신감도 뚝 떨어져서 사람들을 만나는 것 자체가 두렵다. 그렇다 보니 사무실이나 커피숍에 앉아서 틈틈이 코인이나 주식 시세를 들여다보거나 웹서핑을 하며 시간을 보낸다. 그렇게 두세 달 흘려보내고 나면 목표는 더욱 아득히 멀게 느껴진다.

네트워크 마케팅으로 성공하기까지 걸리는 기간은 일정하지 않다. 어떤 분은 1년 만에 몇 계단씩 승급하고, 어떤 분은 1년이 넘도록 세일즈 마스터에 머물러 있다. 이 차이를 극복해야 한다.

어떤 분야든 성공하고 싶다면 시간을 압축해서 사용해야 한다. 시간을 압축한다는 것은 그 일에 오롯이 집중한다는 의미다. 일하는 동안에는 다른 곳은 일절 쳐다보지 말고 사업에 혼신의 힘을 기울여야 한다.

결의를 다지고 명단 작성을 했다면 단기간에 명단 속 사람들 모두를 초대할 필요가 있다. 느긋하게 초대하는 것보다 단기간에 초대하는 것이 더 좋은 이유는 나의 열정을 보여줄 수 있기 때문이다.

열정은 전염된다. 사업에 미쳐서 열정적으로 사업하는 것만으로도 충분한 설득력이 있다. 열정적인 모습을 보면 이런 의문을 품을 수밖에 없다.

'도대체 얼마나 좋은 사업이기에 이렇게 푹 빠진 걸까?'

의문을 풀기 위해 좀 더 관심을 기울여 사업 설명회를 듣고, 애터미에 대해서 알고 싶어 한다.

사업자 중에는 이삼십 대도 있지만 쉰이 넘은 분들도 많다. 연륜이 있는 분들은 느긋하게 사업을 하는 경향이 있는데, 그런 분들일수록 시간을 압축해서 사용해야 한다. 나이는 먹어가고 일할 날은 얼마 남지 않았다. 하고 싶은 거 다 해가면서 느긋하게 사업해서 어느 세월에 성공하겠는가. 단기간에 끝내버리겠다는 각오로 달려들어야 한다.

시간을 압축해서 열정적으로 일하다 보면 거짓말처럼 목표를 이루기도 한다. 불과 2~3년 만에 꿈을 이루는 사람도 있다.

중기 목표가 하나씩 밟아 올라가는 직급 승진이라면 원래 계획보다 앞당겨서 잡는 것이 좋다. 일단 목표를 달성하기 위해서 최선을 다해볼 필요가 있다. 그랬음에도 불구하고 목표를 이루지 못했으면 계획을 다시 세우면 된다.

나는 무슨 일이든 시작하기 전에 항상 단기간에 끝낼 수 있는 방법을 모색한다. 빨리 끝내버리면 그 시간을 다른 곳에 사용할 수 있기 때문이다.

시간을 압축해서 사용하면 잡다한 고민을 잊을 수 있고, 어려운 순간들을 큰 어려움 없이 극복할 수 있다. 사업에 집중해 있으면 고민할 틈도 없고, 설령 고난이 닥쳐도 고난인 줄 모른다.

네트워크 마케팅 사업은 스스로 포기하지만 않는다면 언젠가는 성공하게 되어 있다. 그래도 시간을 압축해서 사용하면 훨씬 빠른 기간 안에 성공할 수 있다.

이왕이면 다홍치마라고, 한 살이라도 젊었을 때 성공을 거두어라. '돈이 없으면 적막강산이요 돈이 있으면 금수강산이라'는 속담처럼 경제적인 여유가 있어야 삶을 즐길 수 있다. 일찍 성공을 거두고 나서, 여생을 느긋하게 즐기며 살자.

교육에 힘써라

"교육은 그대의 머릿속에 씨앗을 심어주는 것이 아니라, 그대의 씨앗들이 자라나게 해주는 것이다."

철학가이자 시인인 레바논계 미국인 칼릴 지브란의 명언이다.

교육의 목표는 단순히 지식을 주입하는 데 있는 것이 아니다. 그 지식을 활용해서 삶을 풍요롭게 살아가도록 하는 데 있다.

나는 학교에서 전문교육을 받지 못했다. 세상에는 별다른 지식 없이도 할 수 있는 일은 무수히 많았지만 학력이 짧은 나를 받아주는 곳은 많지 않았다. 내가 해왔던 일들은 몸으로 때울 수 있는 일이었다.

젊었을 때는 이렇게 생각했다.

'내가 대학을 나왔더라면 지금보다 훨씬 좋은 대우를 받았을 테고, 학교에서 배운 지식을 써먹으면서 일할 수 있을 텐데….'

중년이 되어서야 비로소 나의 생각이 잘못되었음을 알았다. 고학력

자라도 학교에서 배운 지식을 써먹으며 일하는 사람은 소수에 불과했다. 다수는 학교에서 배운 지식과는 아무 상관없는 일들을 하며 살아가고 있었다. 어찌 보면 학교 교육은 삶에서 씨앗이 잘 자라나도록 도움을 주는 것이 아니라, 그저 머릿속에다 씨앗을 심어줄 뿐이다. 현실에서는 써먹을 일이 없는, 굳이 표현하자면 '죽은 지식'이다.

네트워크 마케팅에서는 충성스러운 소비자를 확보하는 것 못지않게 중요한 일이 '복제'다. 즉, 나처럼 꾸준히 비즈니스를 할 사람을 만들어야 한다. 그런데 이 복제가 쉽지 않다. 어렵사리 괜찮은 사람을 만나도 중도에 그만두는 일이 비일비재하다.

나의 의문은 '이렇게 좋은 사업을 왜 중도에 그만두는 걸까?'에서부터 시작되었다.

'시스템에 대한 이해가 부족하기 때문이야! 그러니 성공에 대한 확신 또한 부족해서, 회사의 비전을 함께 공유하지 못하는 거야.'

어느 정도 나 나름대로 생각이 정리되었을 때였다. 하루는 센터에 출근해서 대화를 나누던 중 동료 한 분이 사업을 시작하는 분들을 대상으로 리더십 트레이닝 교육을 해보는 것이 어떻겠냐고 제안했다. 순간, 머릿속이 전구를 켠 것처럼 환해졌다.

"좋은 생각 같아요! 한번 시도해보죠."

나는 그 자리에서 찬성했고, 일은 일사천리로 진행되었다. 다들 풍부한 현장 경험이 있기에 커리큘럼도 즉석에서 짰다. 단지 머리로만 네트워크 마케팅을 이해하는 것이 아니라, 가슴에 품은 성공의 씨앗이 싹을 틔워서 무럭무럭 자라날 수 있도록 하는 데 교육의 초점을 맞췄다.

리더십 트레이닝 교육은 '인생 시나리오 쓰고, 발표하기', '성공의 8단계', '성공습관 만들기', '독서' 등등으로 이루어진다.

교육은 놀라운 성공을 거두었다. 예전에는 복제하는 데 반년이 걸렸다. 그런데 센터에서 3일 동안 체계적으로 교육을 시키니, 곧바로 판매사에 도전했다.

한 해 동안 서울위드조아센터에서만 300여 명의 판매사가 배출되었다. 교육은 비록 3일에 불과했지만 그분들은 소규모로 팀을 꾸려서 공부를 계속했다. 현장에서 얻은 경험을 공유하고, 토론하고, 격려하며 꿈을 키워 나아가고 있다.

백문이 불여일견이라고 했던가. 박한길 회장님은 늘 교육의 중요성을 강조해왔다. 강연을 통해서 여러 차례 들었음에도 깨닫지 못했는데, 직접 센터 사람들과 함께 교육을 시켜보니 비로소 그 위력이 실

감났다.

네트워크 마케팅은 교육 사업이다. 현장을 뛰어다니면서 잠재적 고객이나 잠재적 사업자를 대상으로 시스템을 이해시키고 비전을 공유하는 일은 쉽지 않다. 개개인마다 생각도 다르고 받아들이는 방식도 다르기 때문이다.

하지만 교육을 통하면 그 모든 문제점이 단번에 해결된다. 시스템을 제대로 이해할 수 있고, 회사의 비전을 공유할 수 있다. 다소 이해가 떨어지는 분은 함께 교육을 받는 분들이 친절하게 설명해준다.

성공하고 싶다면 교육에 힘써라. 그 교육이 단순히 교육에 그치는 것이 아니라, 저마다의 사업에 도움을 줄 수 있다면, 성공을 향해 성큼 다가가게 된다.

매사에 감사하라

"가장 축복받는 사람이 되려면 가장 감사하는 사람이 돼라."

미국의 제30대 대통령 존 캘빈 쿨리지의 명언이다. 감사하면 할수록 더 많은 축복을 받게 된다는 뜻이다.

인생을 살아가면서 감사하는 마음을 갖기란 쉽지 않다. 가난한 집안에서 태어나서 제대로 배우지도 못한 채, 어린 나이에 험한 세상에 내던져진 나로서는 더더욱 그랬다.

젊었을 때 일터로 출근하기 위해 버스를 타면, 운전석 백미러에 간절히 기도하는 소녀의 사진이 대롱대롱 매달려 있었다. 피로에 찌들어서 만원 버스에서 시달리던 나로서는 기도하는 소녀의 심정을 눈곱만큼도 이해할 수 없었다.

머리를 자르러 미용실에 가면, 딱딱한 빵 한 조각을 앞에 놓고 감사기도를 하는 노인의 사진이 걸려 있었다. 나는 그 사진을 보면서 속으로 이렇게 중얼거렸다.

'당신이 그런 현실에 만족하니까 가난하게 사는 거야. 당신은 감사 기도나 하며 평생 그렇게 살아, 난 열심히 일해서 부자가 될 테니까!'

먹고살기 팍팍하다 보니 마음의 여유가 없었다. 낙천적인 성격이 기는 했지만 세상은 여자의 몸으로 헤쳐 나가기에는 호락호락하지 않았다.

내가 40대 초반일 때, 아버지가 폐암에 걸렸다. 폐암에 걸리면 잘 먹어야 한다고 해서, 가족들이 있는 돈 없는 돈 끌어모아서 최대한 좋은 음식을 마련했다. 그러면 아버지는 혼자 먹기 아깝다며 지인들을 불러서 함께 먹었다. 식사가 끝나고 배웅할 때면 매번 이렇게 인사했다.

"함께 식사해줘서 고마우이."

아버지의 말은 인사치레가 아닌 진심이었다. 나는 그때까지도 아버지를 이해하지 못했다.

그로부터 얼마 뒤 아버지가 임종했다. 그 뒤에도 나의 삶은 별반 나아지지 않았다. 수많은 직업을 전전했지만 성공은 영원히 도달할 수 없는 신기루 같았다. 네트워크 마케팅 사업에 도전했다 잇달아 실패하고, 화장품 대리점을 열었다가 다시 실패하고, 건강식품 대리점을 열었는데 그마저도 실패로 돌아갔다.

나는 그 무렵부터 마음을 비웠다. 시련 또한 나를 더 큰사람으로 만들기 위한 하나님의 특별한 배려라고 생각하고, 매사에 감사하기 시작했다. 애터미에서 사업을 하면서부터는 교회도 나가고, 특별히 좋은 일이 없어도 시간이 날 때마다 감사하는 마음을 가졌다. 나는 식탁에 앉아서 딱딱한 빵 한 조각을 앞에 놓고 기도하는 노인처럼 경건한 마음으로 감사기도를 드렸다.

"오늘도 일용할 양식을 주셔서 감사합니다."

잠들기 전에는 버스 운전석 백미러에 대롱대롱 매달린 채 기도하는 소녀처럼 두 무릎을 꿇고 간절한 마음으로 기도를 올렸다.

"오늘 하루도 무사히 보내게 해주셔서 감사합니다."

작은 일에도 감사하기 시작하자 점점 감사해야 할 일들이 늘어났다.

"지인을 통해서 좋은 분을 만나게 해주셔서 감사합니다."

감사하기 시작하자 세상이 달리 보였다. 사업 실패로 인한 스트레스로 두통이나 소화불량에 시달렸는데 씻은 듯이 나았다. 나도 모르게 찡그리고 있었던 인상도 펴지고, 웃음도 잦아지면서 주변에 좋은 사람들이 모여들기 시작했다. 힘들고 어려운 시절을 감사 기도를 드리며 극복해낼 수 있었다.

매사에 감사하는 습관이 들다 보니 대인관계 또한 말할 수 없이 편안해졌다. 대인관계가 불편한 까닭은 그들에게 무언가를 바라기 때문이다. 힘들었던 시절에는 나 또한 그런 마음을 품고 있었다. 그런데 어느 순간부터 그런 마음이 사라졌다. 무언가를 바라기보다는 무언가를 주고 싶다는 생각이 훨씬 더 강하게 들었다.

감사는 힘이 세다. 나는 감사하는 마음속에 하나님의 의지가 깃들어 있다고 생각한다.

삶이 힘들고 어려울수록 감사하라. 매사에 감사하다 보면 나도 모르는 사이에 조금 높은 위치에 올라 있으리니.

지금 이 순간을 즐겨라

'백발도 내일모레'라는 속담이 있다. 인간 성쇠가 찰나임을 비유적으로 이르는 말이다.

어렸을 때는 언제 어른이 되나 답답했다. 그런데 나이 먹고 뒤돌아 보니 찰나에 불과하다. 여생도 그렇지 않을까, 라는 생각이 든다.

나는 워낙 사람을 좋아해서 함께 놀기를 좋아한다. 어렸을 때는 집에 붙어 있지 않고, 종일 벌판과 골목길을 뛰어다니며 친구들하고 놀았다. 학교에 다닐 때도 노는 것이 먼저였고, 공부는 뒷전이었다. 그런데 어린 나이에 사회에 나오고 보니 친구들을 만날 시간이 없었다. 밤 늦게 일 끝나고 집에 돌아와서 잠자리에 누우면 졸음이 쏟아졌고, 눈 뜨면 다시 출근할 시간이었다.

그때는 미처 깨닫지 못했다. 놀고 싶으면 일을 그만두든지, 어쩔 수 없이 일을 해야 하는 상황이라면 일하는 매 순간을 즐겨야 한다는 사실을.

결혼해서 아이를 낳고 한동안 병원에서 간병인으로 지냈다. 시간이 날 때마다 병실을 돌아다니곤 했는데, 그때 말기 암환자를 비롯해서 임종을 앞둔 사람들을 많이 만났다.

표정과 눈빛을 보면 그들이 살아온 날들을 어렵잖게 짐작할 수 있었다. 고통스러운 인생을 살아온 분들은 인상을 찌푸린 채 온갖 불평불만을 쏟아냈다. 가족들에게 짜증을 냈고, 조금만 아파도 간호사에게 고래고래 고함을 질렀다. 반면 인생을 즐기며 살아온 분들은 편안한 표정으로 누워서 지난날들을 추억했다. 곁에 있어준 가족들에게도 감사의 마음을 전했고, 어지간한 통증쯤은 참고 견뎌냈다.

나는 그때 처음으로 진지하게 인생에 대해서, 죽음에 대해서 생각했다. 언젠가는 나 또한 죽음을 맞을 것이 분명하니, 이왕이면 인생을 즐기며 살아야겠다는 생각이 들었다. 말하자면, 병원에서 간병인으로 일할 때 인생의 최종 목표를 세웠다. 나의 최종 목표는 성공이 아닌, 임종의 순간이다.

'임종의 순간, 조금의 후회도 미련도 없이, 멋지게 살았노라고 말할 수 있도록 살자!'

그 뒤로 인생을 즐기며 살려고 노력했다. 그렇다고 해서 특별히 여행이나 취미 활동에 중점을 두고 산 것은 아니다. 내가 중점을 두었던 것은 매 순간을 즐기려는 마음이었다. 일을 즐기려고 했고, 만남을 즐기려고 했고, 식사를 즐기려고 했고, 휴식을 즐기려 했고, 잠자는 시간을 즐기려 했다. 그러자 삶의 무게가 줄어들면서 인생이 반짝반짝 빛나기 시작했다.

사람들은 이렇게 생각한다.

'성공하고 나서, 인생을 즐길 거야!'

'부자가 돼서, 하고 싶은 것 마음껏 하며 살아야지!'

물론 그것도 틀린 생각은 아니다. 하지만 언제 어디에서 무슨 일이 생길지 모르는 것이 인생이다. 성공하기도 전에, 부자가 되기도 전에 죽음을 맞을 수도 있다.

지금 이 순간을 즐기지 못하고 훗날을 기약하는 사람은 그때가 와도 즐기지 못한다. 일상 속에서 행복을 발견하는 것도 습관이고, 일상을 즐기는 것도 습관이다.

하루는 내가 "지금, 이 순간을 즐기세요!"라고 말하자, 한 분이 즉각 반박했다.

"오로지 사업에만 집중하라면서요? 그럼 대체 언제 즐겨요?"

나는 빙긋 웃으며 대답했다.

"집중해서 사업하는 지금 이 순간을 즐기시라고요."

놀이만 즐기는 사람은 일을 즐기지 못한다. 반면, 일을 즐기는 사람은 놀이 또한 신나게 즐긴다. 놀이만 즐기는 사람은 반쪽 인생을 사는 셈이고, 일을 즐기는 사람은 온전히 인생을 사는 셈이다.

인생은 허망할 정도로 짧다. 일하는 시간과 노는 시간을 분류해서 즐길 정도로 시간이 충분하지 않다.

지금 이 순간을 즐겨라! 인생의 승자는 지금 이 순간을 즐기는 사람이다.

어떻게 성공할 것인가

초판 1쇄 인쇄 | 2022년 4월 25일
초판 1쇄 발행 | 2022년 5월 6일

지은이 | 조귀환
펴낸이 | 박찬근
펴낸곳 | 주식회사 다연
주　소 | (10550) 경기도 고양시 덕양구 삼원로 73 한일윈스타 1422호
전　화 | 070-8700-8767
팩　스 | 031-814-8769
이메일 | dayeonbook@naver.com
편　집 | 미토스
본문디자인 | 모티브
표지디자인 | 강희연

© 조귀환
ISBN 979-11-977055-6-4 (03320)